［過去問］

# 2024
# 慶應義塾横浜初等部
# 入試問題集

Shinga-kai

# 過去10年間の入試問題分析
# 出題傾向とその対策

## 2023年傾向

一次試験のペーパーテストは、就学後の学習の基本となる聞く力と見る力に加え、考える力に重きを置くものでした。二次試験の集団テストでは、ちぎる、積み上げるなどの巧緻性のほか、与えられたテーマに沿った想像画とそれについて話す力を見る課題が出されました。運動テストでは連続運動に加えて4人1組での競争により、協働活動へのかかわり方が見られました。

## 傾　向

第一次考査は1日のみで、女子、男子の順に年少者からペーパーテストが行われます。第一次考査の合格者数は、受験者の約3割です。第二次考査は4日間のうち前半が男子、後半が女子で、例年それぞれ年少者から、制作を経て行動観察に展開する集団テストと、運動テストが行われています。ペーパーテストでは、考える手掛かりとして積み木や円筒などの具体物が提供される年もありました。取り組みやすくすることで課題への理解を促すとともに、自力で解決する気力や落ち着きなど、個々の伸びしろを月齢ごとにしっかり見ようとする配慮と工夫がうかがえます。第二次考査の集団テストでは、画用紙、紙皿、紙コップ、箱などの身近な素材を使った制作が出題されていましたが、コロナ禍での入試となった2021年度以降は続けて絵画が出題されました。どんな課題であれ、自分の一番好きなことや興味のあることを作品に反映させ、作ったり描いたりした動機や工夫したところについて自分の思いをしっかり伝えることが必要です。運動テストでは開校以来、模倣体操や身体表現、3人ずつでの連続運動がほぼ毎年行われていましたが、2017年度以降はボール運び、段ボール箱運びなどのリレーや、リズムに合わせての指示行動なども行われるようになりました。これらの課題では、集団テストの制作課題で作った作品で遊ばせていたころの行動観察に代わるものとして、子ども同士のかかわり方を見ています。出願に際しては、開校から2019年度までは『福翁自伝』を読み志願者の家庭などについて、2020年度は『伝記　小泉信三』を読み慶應義塾の塾風への共感について、2021年度以降は『福翁百話』を読み、保護者と志願者

のかかわりについての所感、もっとも共感した部分やその理由などを記述するものになりました。

## ■ 対 策

ペーパーテストの一部では例題の後に本題を行い、筆記用具は設問ごとに使用する色を替えることがあるので、指示を聞きとる力や注意力が必要です。10年間の出題を見ると、数量として積み木の数、すごろく、また実際に童謡を聴いたり映し出される野菜の断面図を見たりしての常識、実物を与えられて見え方を考える推理・思考などさまざまな出題があります。学校が個性と創造力の源と考えている実体験の絶対量が鍵となる課題が多いため、生活や遊びの時間を削ってペーパー対策に注力しすぎるのは好ましくありません。そして、いずれも学習の基本である「聞く力」「見る力」「考える力」の範囲の出題なので、先に上げたもののほかに話の記憶、同図形発見や模写などでの観察力、四方図や回転図形などの推理・思考にかかわるものになじんでおきましょう。集団テストの制作や絵画では、創作活動を通して一人ひとりが持つ発想力や表現力が問われます。生活体験や夢を反映させた主体性のあるものにしないと、作品の動機について質問されたときに答えられません。作品の完成度より、作品や本人の話を通して思いを表現できることが重要ととらえましょう。また、開校以来グループで遊ぶ課題が毎年のように行われてきました。遊びには創造性や工夫力、ほかの子と仲よく遊ぶための社会性やコミュニケーション力など、生活の中で培われた力が表れます。「一緒に遊ぼうよ」「順番を決めてやろうよ」などと、やりとりの口火を切ることができるのは、お友達と一緒に遊ぶ楽しさを知っている子どもです。逆に、自分のものや思いに執着してしまう子どもは、さまざまなお友達との楽しい遊びを体験していないケースが多いようです。仲よく遊ぼうとすることは、自己主張するだけでなく他人の考えに耳を傾ける必要がある分、学習能力を高めることにもつながります。さらに、グループが大きくなるほどルールや約束事を決める場面に直面することもあるので、そのような遊びの場を多く与えることが、個々の伸びしろを大きくする重要な対策といえます。また、運動テストも入試課題の大きな柱に据えられています。それは「子育てはまず体作りから」と考える慶應義塾幼稚舎にも通じるスタンスです。「楽しい」「運動が得意」と思う気持ちで、どの課題にも闘志と勢いを持って挑戦する姿勢が大切です。3人同時に行う連続運動などでも、失敗してもあきらめずにやり直すなど、課題への意欲が見られています。今現在の力量は十分でなくても、一生懸命頑張れる子は、挑戦したことをいずれ得意なことにまで高められます。6年間で自分が誇れるものを1つでも持たせようとする慶應義塾横浜初等部では、課題が何であれひたむきに頑張る姿勢をよしとしていますので、何かに夢中になったり、頑張って取り組んだりすることへの後押しを常に意識しておくとよいでしょう。また、『福翁自伝』や『伝記 小泉信三』、『福翁百話』などをよく読み慶應義塾への理解を深め、学校の方針をより深く知る手立てとしてください。

# 年度別入試問題分析表

**【慶應義塾横浜初等部】**

| | 2023 | 2022 | 2021 | 2020 | 2019 | 2018 | 2017 | 2016 | 2015 | 2014 |
|---|---|---|---|---|---|---|---|---|---|---|
| **ペーパーテスト** | | | | | | | | | | |
| 話 | ○ | ○ | ○ | ○ | ○ | ○ | ○ | ○ | ○ | ○ |
| 数量 | ○ | | | | | | ○ | ○ | | ○ |
| 観察力 | | ○ | ○ | | ○ | ○ | | | ○ | |
| 言語 | | | | ○ | | | | | | |
| 推理・思考 | ○ | ○ | ○ | ○ | ○ | ○ | ○ | ○ | ○ | ○ |
| 構成力 | | | | | | ○ | | ○ | | |
| 記憶 | | | | | | | | | | |
| 常識 | | | | ○ | | ○ | ○ | ○ | ○ | ○ |
| 位置・置換 | | | | | | | | | ○ | |
| 模写 | | | ○ | | ○ | | | ○ | | ○ |
| 巧緻性 | | | | | | | | | | |
| 絵画・表現 | | | | | | | | | | |
| 系列完成 | | | | | | ○ | | | ○ | |
| **個別テスト** | | | | | | | | | | |
| 話 | | | | | | | | | | |
| 数量 | | | | | | | | | | |
| 観察力 | | | | | | | | | | |
| 言語 | | | | | | | | | | |
| 推理・思考 | | | | | | | | | | |
| 構成力 | | | | | | | | | | |
| 記憶 | | | | | | | | | | |
| 常識 | | | | | | | | | | |
| 位置・置換 | | | | | | | | | | |
| 巧緻性 | | | | | | | | | | |
| 絵画・表現 | | | | | | | | | | |
| 系列完成 | | | | | | | | | | |
| 制作 | | | | | | | | | | |
| 行動観察 | | | | | | | | | | |
| 生活習慣 | | | | | | | | | | |
| **集団テスト** | | | | | | | | | | |
| 話 | | | | | | | | | | |
| 観察力 | | | | | | | | | | |
| 言語 | ○ | ○ | ○ | ○ | | | ○ | ○ | ○ | |
| 常識 | | | | | | | | | | |
| 巧緻性 | ○ | ○ | ○ | | | | | | | |
| 絵画・表現 | ○ | ○ | ○ | | | | | | | |
| 制作 | | | | ○ | ○ | ○ | ○ | ○ | ○ | ○ |
| 行動観察 | | ○ | ○ | ○ | ○ | ○ | ○ | ○ | ○ | |
| 課題・自由遊び | | | | | | | | | | ○ |
| 運動・ゲーム | | | | | | | | | | ○ |
| 生活習慣 | ○ | | | | | | | | | |
| **運動テスト** | | | | | | | | | | |
| 基礎運動 | ○ | ○ | | ○ | ○ | ○ | ○ | | | |
| 指示行動 | | ○ | ○ | | | | | | | |
| 模倣体操 | ○ | ○ | ○ | ○ | ○ | ○ | ○ | ○ | | ○ |
| リズム運動 | | ○ | ○ | | | | ○ | ○ | ○ | |
| ボール運動 | | | | ○ | | | | | | |
| 跳躍運動 | | | | | ○ | | | | | |
| バランス運動 | | | | | ○ | | ○ | ○ | ○ | ○ |
| 連続運動 | ○ | ○ | ○ | | ○ | ○ | ○ | ○ | ○ | ○ |
| **面接** | | | | | | | | | | |
| 親子面接 | | | | | | | | | | |
| 保護者(両親)面接 | | | | | | | | | | |
| 本人面接 | | | | | | | | | | |

※伸芽会教育研究所調査データ

# 小学校受験Check Sheet

　お子さんの受験を控えて、何かと不安を抱える保護者も多いかと思います。受験対策はしっかりやっていても、すべてをクリアしているとは思えないのが実状ではないでしょうか。そこで、このチェックシートをご用意しました。1つずつチェックをしながら、受験に向かっていってください。

## ✱ ペーパーテスト編

①お子さんは長い時間座っていることができますか。

②お子さんは長い話を根気よく聞くことができますか。

③お子さんはスムーズにプリントをめくったり、印をつけたりできますか。

④お子さんは机の上を散らかさずに作業ができますか。

## ✱ 個別テスト編

①お子さんは長時間立っていることができますか。

②お子さんはハキハキと大きい声で話せますか。

③お子さんは初対面の大人と話せますか。

④お子さんは自信を持ってテキパキと作業ができますか。

## ✱ 絵画、制作編

①お子さんは絵を描くのが好きですか。

②お家にお子さんの絵を飾っていますか。

③お子さんははさみやセロハンテープなどを使いこなせますか。

④お子さんはお家で空き箱や牛乳パックなどで制作をしたことがありますか。

## ✱ 行動観察編

①お子さんは初めて会ったお友達と話せますか。

②お子さんは集団の中でほかの子とかかわって遊べますか。

③お子さんは何もおもちゃがない状況で遊べますか。

④お子さんは順番を守れますか。

## ✱ 運動テスト編

①お子さんは運動をするときに意欲的ですか。

②お子さんは長い距離を歩いたことがありますか。

③お子さんはリズム感がありますか。

④お子さんはボール遊びが好きですか。

## ✱ 面接対策・子ども編

①お子さんは、ある程度の時間、きちんと座っていられますか。

②お子さんは返事が素直にできますか。

③お子さんはお父さま、お母さまと3人で行動することに慣れていますか。

④お子さんは単語でなく、文で話せますか。

## ✱ 面接対策・保護者（両親）編

①最近、ご家族での楽しい思い出がありますか。

②ご両親の教育方針は一致していますか。

③お父さまは、お子さんのお家での生活や幼稚園・保育園での生活をどれくらいご存じですか。

④最近タイムリーな話題、または昨今の子どもを取り巻く環境についてご両親で話をしていますか。

## section
# 2023 慶應義塾横浜初等部入試問題

## ■ 選抜方法

| 第一次 | 考査は1日で、女子から先に月齢別のグループに分かれ、年少者グループからペーパーテストを行う。男子約280人、女子約180人の計約460人を選出。所要時間は約40分。 |

| 第二次 | 第一次合格者を対象に4日間のうち1日を指定される。第二次は男子から先に月齢別のグループに分かれ、年少者グループから約16人単位で集団テストと運動テストを行う。男子66人、女子42人を選出。所要時間は約1時間40分。 |

### 考査：第一次

## ■ ペーパーテスト ┃ 筆記用具は青のクーピーペンと茶色のクレヨンを使用し、訂正方法は×（バツ印）。出題方法は音声と口頭。

※男女やグループによって問題が異なる。

### 1 推理・思考（四方図）（男女共通）

一番上を例題として、やり方を説明しながら一緒に行う。

・積み木で作った左の形を、いろいろな方向から見た様子がかいてあります。この中から、見え方として正しいと思うもの全部に青で○をつけましょう。

### 2 推理・思考（回転図形）（男女共通）

一番上を例題として、やり方を説明しながら一緒に行う。

・青い四角が並んでいる迷路があります。左側の迷路は白い星から黒い星まで進んでいます。向きを変えた右側の迷路でも同じ進み方になるように、青で線をかきましょう。

### 3 数量（対応）（女子）

・上の絵を見ましょう。左にあるおでんの串と同じものを、右側の材料を使って作ります。串はいくつ作ることができますか。その数だけ、すぐ下の長四角に青で○をかきましょう。

・下の絵を見ましょう。左にあるおでんの串と同じものを、右側の材料を使って作ります。串はいくつ作ることができますか。その数だけ、すぐ下の長四角に茶色で○をかきましょう。

### 4 数量（対応）（男子）

・上の絵を見ましょう。左にあるバーベキューの串と同じものを、右側の材料を使って作ります。串はいくつ作ることができますか。その数だけ、すぐ下の長四角に青で○をかきましょう。

・下の絵を見ましょう。左にあるバーベキューの串と同じものを、右側の材料を使って作ります。串はいくつ作ることができますか。その数だけ、すぐ下の長四角に茶色で○をかきましょう。

## 5 話の記憶（女子）

「はなこさんはお父さん、お母さん、お姉さんと一緒にお花見に出かけました。朝から少し雨が降っていましたが『次のお休みの日までにはサクラが散ってしまう』と思い、小雨の中、出かけることにしました。サクラが咲く公園は電車に乗って1駅ですが、はなこさんの家族と同じようにお花見に行く人が多く、ホームに入って来た電車は人でいっぱいです。座ることができなかったはなこさんは、手すりにつかまりました。次の駅で電車を降りると、すでに駅から公園に向かう道には行列ができていて、はなこさんたちもそこに並んで進んでいきました。公園に着くころにはちょうど雨が上がって、はなこさんたちは『この時間に来てよかったね』と喜びました。公園の入り口近くは混み合っていましたが、中に進んでいくと空いているベンチが見つかり、そこに座ってサクラを見ながらお昼ごはんを食べることにしました。お弁当を出して支度をしていると、サクラの木の枝を折って持ち帰る男の子を見かけ、ひどくがっかりしました。近くに手洗い場がなかったのでウェットティッシュで手をふいて、おはしでお弁当のおかずをお皿に取り分けながら食べました。公園で悲しいと思うこともあったけど、きれいなサクラとおいしいお弁当のおかげで元気を取り戻せました」

・青い四角を見ましょう。はなこさんの電車の中での様子に、青で○をつけましょう。

・赤い四角を見ましょう。お話の中で、はなこさんが悲しいと思ったことはどのようなことですか。青で○をつけましょう。

・黄色い四角を見ましょう。はなこさんの家族がお弁当を食べるときに使っていないものに、茶色で○をつけましょう。

## 6 話の記憶（男子）

「たろう君はお父さん、お母さん、妹と一緒に海に行きました。たろう君のお家の近くの駅からしばらく電車に乗ったところに、海水浴ができる海があります。電車の中は混んでいて、空いている席が見当たりません。たろう君は身動きしづらい電車の中で席を探して歩き回ったので、お父さんに『周りの方にご迷惑だよ』としかられました。そこで、降りる駅まで立っていることにしました。電車を降りて海に着くと、さっそく水着になって泳ぎました。汗をかくほど暑かったので、とても気持ちよく感じました。海から上がって、

建てたテントへ帰ろうとしたそのときです。ゴミをゴミ箱に捨てないで置き去りにして帰る人を見かけ、ひどくがっかりしました。お昼ごはんは、海で採ったアサリやハマグリをお父さんが焼き、トングでそれぞれのお皿にのせてくれました。おはしよりも手づかみの方が食べやすいと教えてくれたので、ウェットティッシュで手をふき、フーフーと息を吹きかけて冷ましながら食べました。とてもおいしくて、みんなであっという間に全部食べてしまいました。海では少し悲しく思うこともあったけど、泳いだり食べたり楽しい思い出いっぱいの海水浴でした」

・青い四角を見ましょう。たろう君がお父さんにしかられたのはなぜですか。合う絵に青で○をつけましょう。
・赤い四角を見ましょう。お話の中で、たろう君が悲しいと思ったのはどのようなことですか。青で○をつけましょう。
・黄色い四角を見ましょう。たろう君の家族がお昼ごはんを食べるときに使っていないものに、茶色で○をつけましょう。

**考査：第二次**

## 集団テスト

考査日、時間によって内容は異なる。

校舎内廊下で受験票を提示し、控え室となっている教室の前でもう一度受験票を提示すると座席の番号を言われるので、その番号の席に保護者と並んで座って待つ。呼び出し時刻になったら指示通り体操服に着替え、運動靴に履き替える。約10分後、受験票を右手に持って廊下に並び、移動のときの注意事項（①受験票をなくさない、②廊下を走らない、③前の人を抜かさないなど）のお話を聞く。考査会場へ入室する前に別室で本人確認のもとに受験票が回収され、番号のついたランニング型のゼッケンをつけて、各自の識別マークを覚える。考査会場のいすや床には形と色別のマーク(赤、青、黄色、緑の○、△、□、☆、♡など)がついており、考査は自分のマークの場所や机で行う。

### 7 巧緻性・生活習慣

弓形に2列並んだ机のうち、自分のマークがついた席に座って行う。各自の机の向こう側にはもう1つ机がつけて並べてある。行う作業はグループによって異なる。

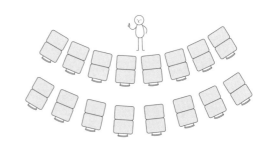

・将棋の駒を、できるだけ高くなるように積む。

- ペットボトルのふた約20個を、できるだけ高くなるように積む。
- 両端から互い違いに線が引かれた紙を、線に沿って手でちぎる。

線に沿って手でちぎる

- 皿の中の小豆を、はしで空いている皿へ移す。
- 長さが同じで太さが異なる3種類の円柱形のスティックがそれぞれ多数と、あらかじめ2本のスティックが固定された台紙が用意されている。台紙に固定されたスティックを使って、できるだけ高くなるようにスティックを積み上げる。

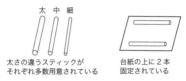

太　中　細

太さの違うスティックが　　台紙の上に2本
それぞれ多数用意されている　固定されている

- トランプのカード2種類（そのままのものと、半分に折られたもの多数）を、できるだけ高くなるように積む。

トランプのカード2種類が
多数用意されている

## 8 絵画（想像画）

7の課題で使用したものを向こう側の机に移して、絵画の課題を行う。オイルパステル（12色）が用意され、与えられたテーマの絵を描く。その後描いた絵はテスターに回収され、机の向こう側に設置された譜面台にほかの受験者が描いた絵が置かれる。その絵を基にして、再度与えられた別のテーマの絵を描く。与えられる2つのテーマの組み合わせには次のようなものがあり、テーマはグループによって異なる。

- 公園にあったらよいと思うもの→どのように遊びたいか。
- おなかいっぱい食べたいもの→どこで誰と食べたいか。
- 散歩道で見つけ持ち帰ったもの→持ち帰って何をするか。
- 自分が怖いと思うもの→怖くなくなった理由がわかる絵。
- ゴミ捨て場に捨てられていた不思議な機械→どのような機械で、どのように使うのか。
- 自分がなりたいお店屋さんで売っているもの→その品物でしたいこと。
- 話していたらわかったお友達の嫌いな野菜→その野菜を好きになった理由がわかる絵。
- 不思議な種→種を植えたらどのようなものがどのように育つか。

🔖 言　語

絵画の課題の間に、テスターから何の絵を描いているか、どうしてその絵を描いたのかたずねられ、答える。1枚目、2枚目ともたずねられる。

## 運動テスト

### 9 模倣体操

自分のマークの上に立ち、号令に合わせてテスターと同じように行う。

・深呼吸（ラジオ体操のように腕を大きく伸ばしながら行う）、ひざの屈伸、前後屈、アキレス腱伸ばしをする。

・片足バランスをする。上げたひざを両腕で抱えてから両手を広げて行ったり、後ろに曲げた脚の足首を後ろ手で持ってから両手を広げたりして行う。

・自分のマークの周りを行進したり、スキップやケンケンで回ったりする。

### 10 連続運動

3つのコースが用意され、3人同時に競争形式で行う。自分の順番が来るまで自分のマークがついた位置で体操座りをして待つ。

・赤い四角の中に立ち、スタートの合図で前方の2枚つないだマットまで走る→マットの上を、両手がマットの向こう側に出るまでクマ歩きで進む（後ろ向きのクマ歩き、クモ歩き、アザラシ歩きなど、グループによって指示が異なる）→平均台を渡る（途中で落ちた場合はその場からやり直す）→ラダー（16マスほどつながったもの）の中を両足跳びで進む（すべてのマスに左右の足を交互に入れて駆け抜ける、マスとラダーの外側を両足跳びでジグザグに進むなど、グループによって指示が異なる）→カゴに入ったお手玉4つのうち、2つを3mほど先にあるついたての的に向かって投げる→残り2つを遠い壁目がけて投げる→投げ終わったら玉は拾わず、気をつけの姿勢で待つ。

・赤い四角の中に立ち、旗が立ったコーンまで全力で走る→ゴールした後整列する。

### 11 集団ゲーム

4人ずつ4チームに分かれて行う。

A

・チームごとに輪になり、風船が落ちないように手（またはうちわ）でできるだけ長くつき続ける競争を行う。そばにいるテスターが回数を数える。同じ人が何度も続けてついてはいけないというお約束がある。

B

・2チームずつ対抗で行う。円形のラインの内側と外側に分かれ、外のチームがゴムボールを転がして中のチームに当てる転がしドッジボールを行う。ボールを転がすときは、ラインを踏み越えないというお約束がある。当てられた人は円から出て待機ラインに並ぶ。攻守を交代して行い、輪の中に残った人数が多かったチームの勝ち。先の2チームが対戦しているとき、残り2チームは待機ラインに座って見学し、自分たちの対戦に備える。

C

・2チームずつ対抗で行う。タグラグビーで使用するベルトとタグ（しっぽ）を腰に装着し、四角い枠の中でしっぽ取りゲームを行う。自分のしっぽを相手が取りにくくなるように手で押さえたり、枠から出て逃げたりしてはいけないというお約束がある。最後に残ったしっぽが多いチームの勝ち。先の2チームが対戦しているとき、残り2チームは待機ラインに座って見学し、自分たちの対戦に備える。

D

・チームごとに2対2で向かい合って立ち、風船を4人でつきながらゴールのコーンまで運ぶ。順番に入れ替わりながら向かい合う者同士で交互に風船をつくというお約束があり、ゴールしたと認められたらテスターが旗を揚げる。落とさずにゴールまで運んだ風船の数が多いチームの勝ち。

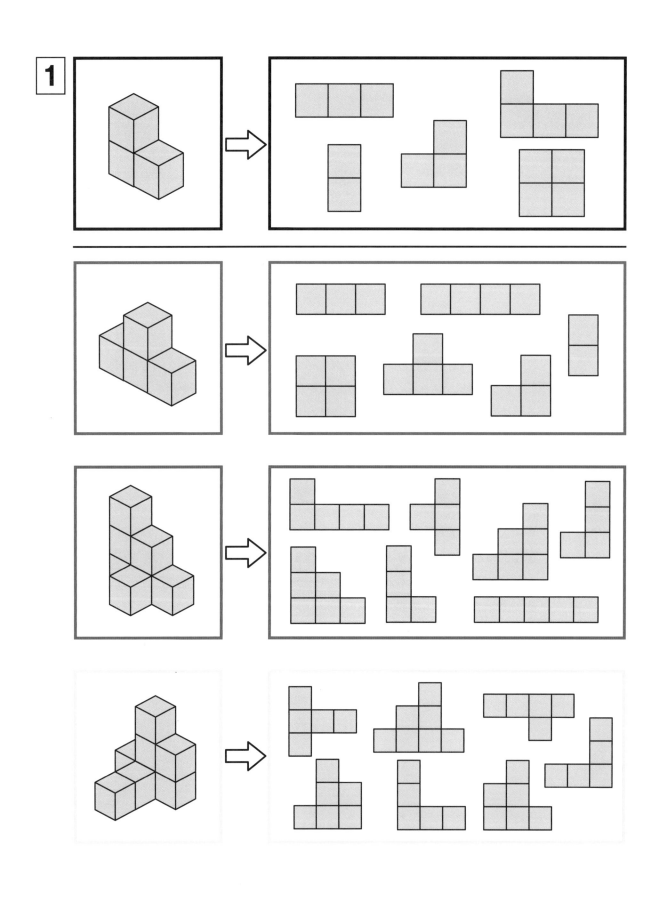

**2**

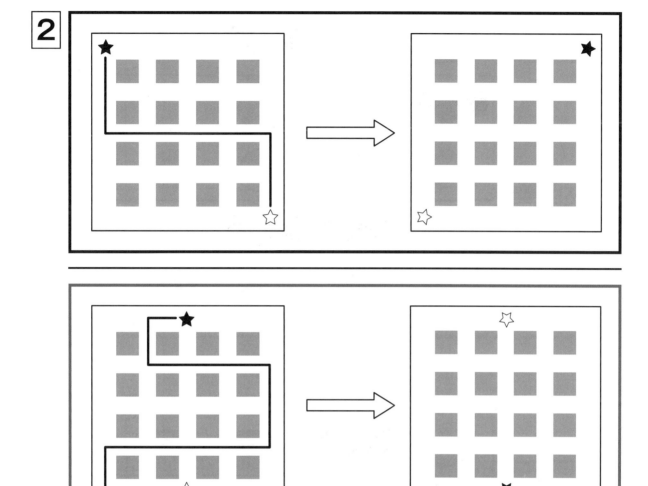

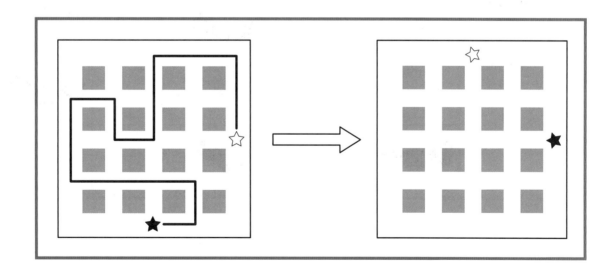

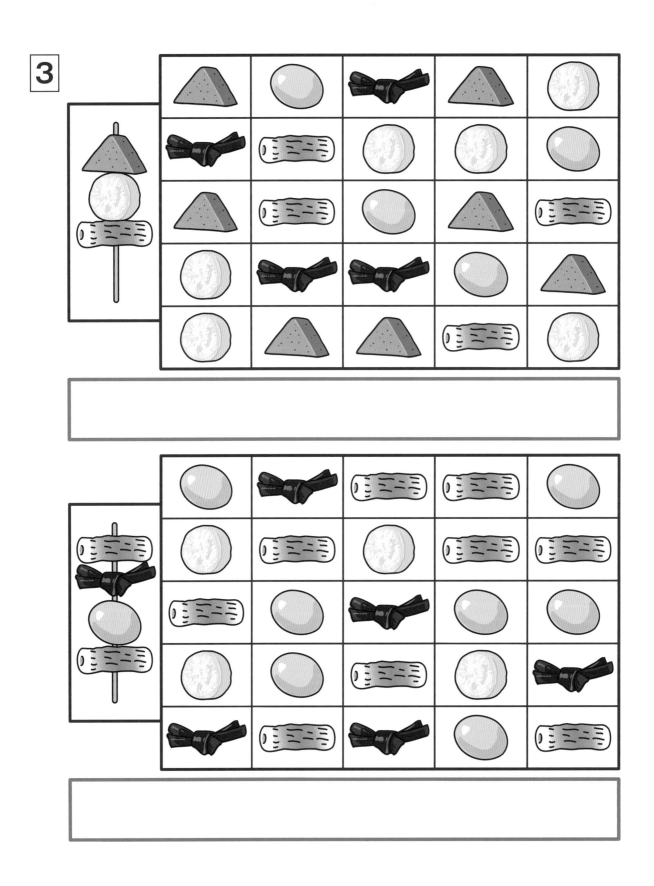

**4**

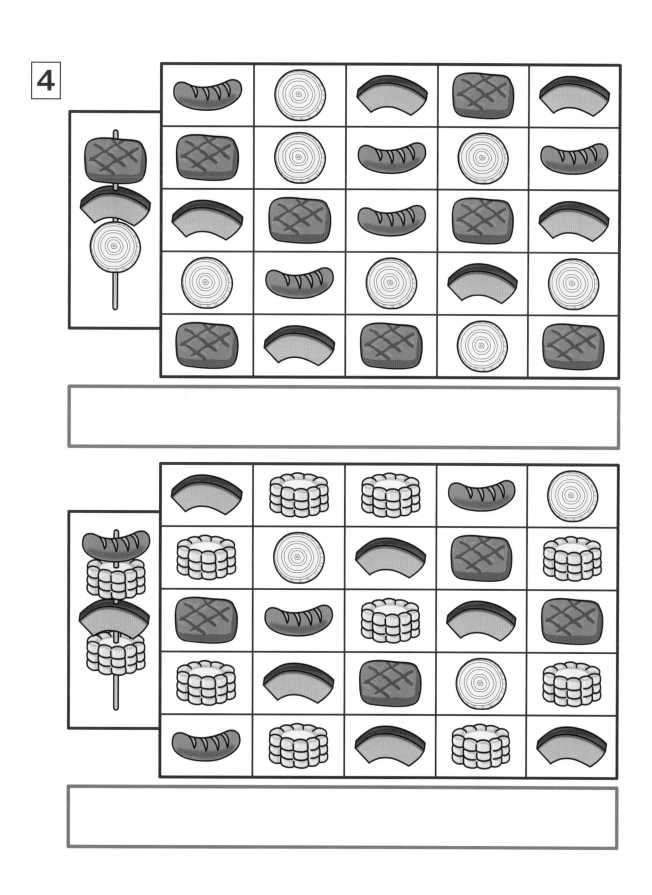

**5**

**6**

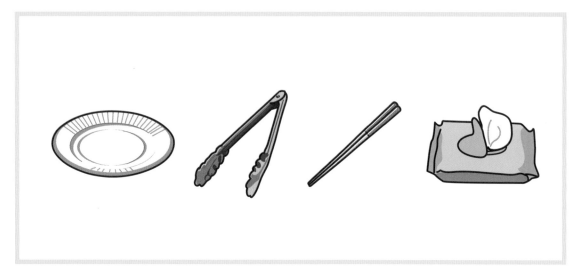

**7** 【作業例】

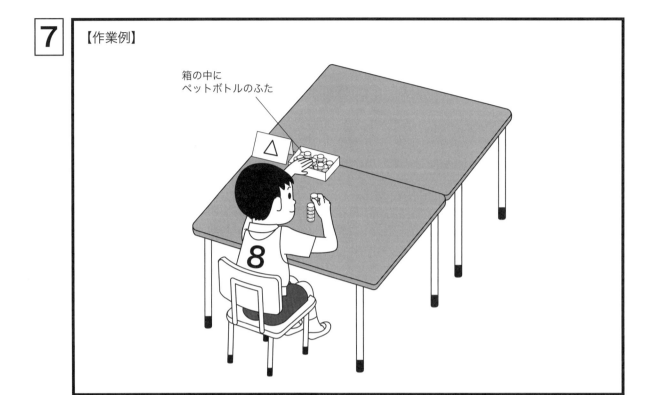

箱の中に
ペットボトルのふた

△

8

**8**

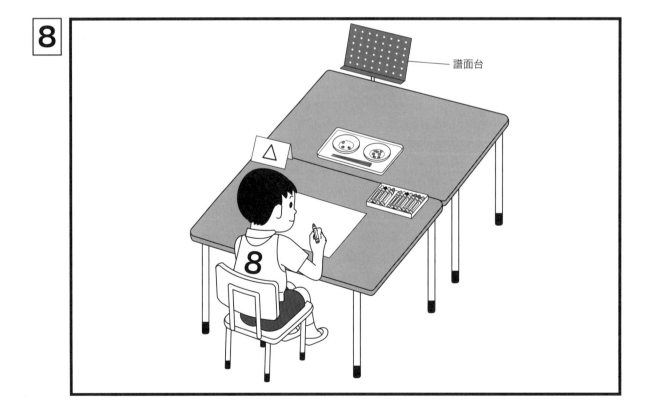

譜面台

△

8

**9**

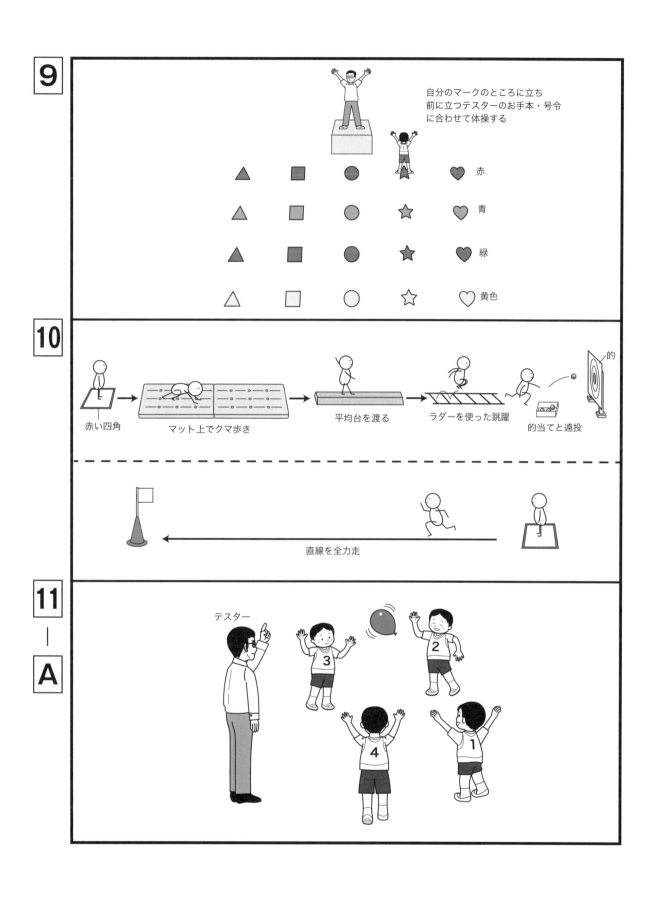

自分のマークのところに立ち
前に立つテスターのお手本・号令
に合わせて体操する

▲ ■ ● ♥ 赤
▲ ■ ● ★ ♥ 青
▲ ■ ● ★ ♥ 緑
△ □ ○ ☆ ♡ 黄色

**10**

赤い四角　マット上でクマ歩き　平均台を渡る　ラダーを使った跳躍　的当てと遠投

的

直線を全力走

**11
―
A**

テスター

3　2　4　1

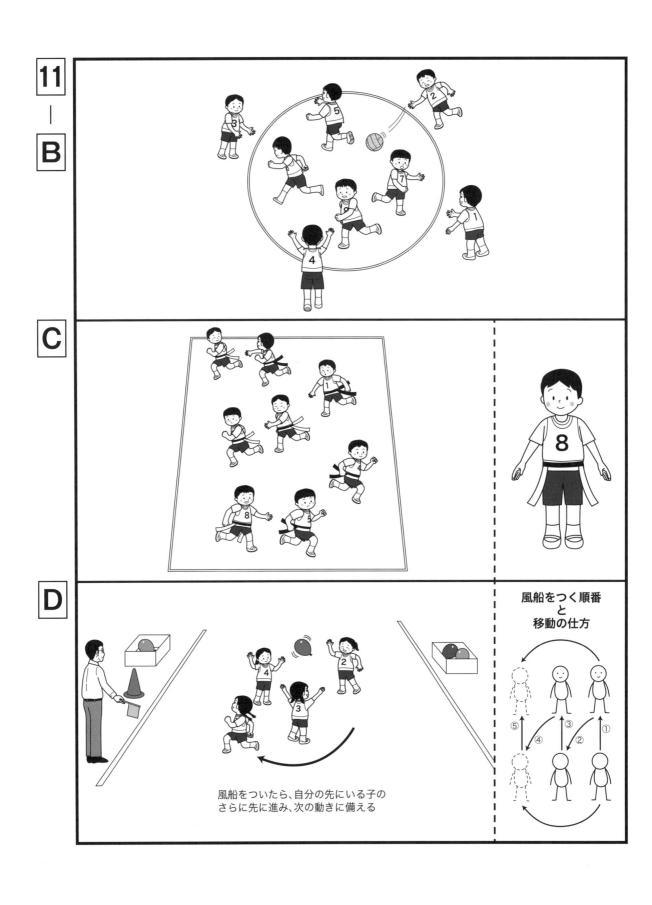

風船をついたら、自分の先にいる子の
さらに先に進み、次の動きに備える

風船をつく順番
と
移動の仕方

<sup>section</sup>
# 2022 慶應義塾横浜初等部入試問題

## ■ 選抜方法

| 第一次 | 考査は1日で、女子から先に月齢別のグループに分かれ、年少者グループからペーパーテストを行う。男子約240人、女子約140人の計約380人を選出。所要時間は約40分。 |

| 第二次 | 第一次合格者を対象に4日間のうち1日を指定される。第二次は男子から先に月齢別のグループに分かれ、年少者グループから約16人単位で集団テストと運動テストを行う。男子66人、女子42人を選出。所要時間は約1時間40分。 |

### 考査：第一次

| **ペーパーテスト** | 筆記用具は青のクーピーペンと茶色のクレヨンを使用し、訂正方法は×（バツ印）。出題方法は音声。一部、教室前方のスクリーンにも問題のプリントが映される。 |

※男女やグループによって問題が異なる。

## 1 推理・思考（絵の順番）

初めに星印のついた例題を通して、不要な1枚を除くと順序立てた流れにできることと、解答方法を確認してから行う。

・左端の丸が1つかかれた絵から始めて、ブドウを食べていく絵を順番に並べます。2番目になる絵には○を2つ、3番目になる絵には○を3つと、順番を表す数だけ絵のすぐ下に茶色いクレヨンで○をかきましょう。でもよく見ると、減っていくはずのブドウの粒が、逆に増えている絵があります。これは変ですね。このいらない絵には、○をかきません。では、青い四角、赤い四角、黄色い四角も、今と同じように丸が1つかかれた絵から始めて正しい順番になるように、絵のすぐ下に茶色で○をかきましょう。

## 2 話の記憶（女子）

問題のプリントが教室前方のスクリーンに映され、それを見ながらお話を聞く。

「ある村にお母さんと娘が暮らしていました。娘は大きくなると、お家を出て町のお金持ちのお屋敷に働きに行くことになりました。娘は寂しくならないように、お母さんの似顔絵と鏡を持っていきました。そしてお母さんが恋しくなると、お母さんの似顔絵に『お金が貯まったら、きっと帰りますからね』と話しかけ、鏡に映した自分の笑顔を見ながら頑張りました。そんな働き者の娘をお屋敷にいる男たちはとても気に入りましたが、いくら話しかけても娘はお母さんの話ばかりして、自分たちのことを好きになってくれそうもあ

りません。そこで、お母さんのことを忘れさせようと、男の1人がお母さんの似顔絵を盗んで、天狗のお面にすり替えてしまいました。そうとは知らない娘は、天狗のお面を見て驚きました。『お母さんの顔が天狗のお面に変わるなんて。お母さんが、病気になった知らせかもしれない』。娘は天狗のお面を持って、急いでお母さんのお家へ向かいました。ところが途中の山の中で、娘は山賊たちに捕まってしまったのです。そのうえ山賊たちが盗みに出かけている間、掃除と洗濯、そしてかまどに火を起こして食事を作っておくようにと脅されました。娘はおびえながらも、仕事をやり通そうと頑張りました。火のついた薪でかまどに火をつけようとしましたが、なかなか燃えずに煙ばかりが出て苦しくなった娘は、天狗のお面をかぶって煙をよけながら火をつけました。すると、ちょうどそこへ大判小判や宝物を盗み取ってきた山賊たちが帰ってきました。山賊たちは、恐ろしい顔をした天狗が燃える薪を持ってかまどの周りをうろうろしているのを見て、とても驚きました。いくら山賊でも、天狗は怖いのです。『逃げろーっ！』と、一目散に山を下りていってしまいました。娘がお面を取って辺りを見回すと、そこには山賊たちが置いていった大判小判や宝物が山のように積まれているではありませんか。娘はその大判小判や宝物を持って、お家に帰りました。お母さんはもちろん元気でした。その後、娘とお母さんは大判小判や宝物のおかげで、いつまでも仲よくしあわせに暮らしたそうです』

- 青い四角です。娘がお母さんの似顔絵と一緒にお屋敷に持っていったものに、青で○をつけましょう。
- 赤い四角です。娘が山賊からやっておくように言われていないことに、青で○をつけましょう。
- 黄色い四角です。山賊が逃げていったのはどうしてですか。お話と合う絵に青で○をつけましょう。
- 緑の四角です。お母さんと娘の暮らしは、最後はどのようになりましたか。お話に合う絵に青で○をつけましょう。

3 話の記憶（男子）

問題のプリントが教室前方のスクリーンに映され、それを見ながらお話を聞く。

「男の子は近くに住むおじいさんのことが大好きで、よく遊びに出かけていました。男の子が行くと、おじいさんはいつも『お母さんにしかられるようなことはしていないかい？』とたずねます。『いい子にしているよ』と答えると、『えらい、えらい』と言って、いつもソーダ味のアイスキャンディーをくれました。おじいさんはある時、大きくて毛がフサフサのイヌを飼うことになり、ムックという名前をつけました。ムックはおじいさんによく懐き、畑仕事をするときも、スーパーマーケットへお買い物に行くときも、いつもおじいさんと一緒でした。ムックは特に、おじいさんと一緒に川原をお散歩するのが大好きでした。ところが、おじいさんは体を悪くしてしまい、病院に入院することになりました。お

じいさんが入院している間、ムックは2本の木の間に張ったロープにつながれて、おじいさんの帰りを待つ暮らしになりました。おじいさんは入院したり退院したりをくり返しましたが、体がよくなることはなく、とうとうムックを残して亡くなってしまいました。おじいさんがいなくなって、すっかり元気をなくしてしまったムックも、しばらくするとおじいさんの後を追うように死んでしまいました。ムックが天国でおじいさんに会えるといいな、と思っていた男の子はある日、夢を見ました。夢の中でムックは、元気になったおじいさんの後を走って追いかけながら、うれしそうにお散歩を楽しんでいたのです。目が覚めた男の子はホッとしました。ムックとおじいさんは、天国でも一緒にしあわせに暮らしていると思えたからです』

・青い四角です。男の子がおじいさんのお家でもらっていたおやつに青で○をつけましょう。
・赤い四角です。おじいさんとムックが一緒に出かけていない場所に青で○をつけましょう。
・黄色い四角です。おじいさんが入院している間のムックの様子に青で○をつけましょう。
・緑の四角です。男の子が夢で見たムックの様子に青で○をつけましょう。

4 観察力

・上のお手本と同じ並び方をしているところを見つけて、茶色で囲みましょう。

5 推理・思考

初めに星印のついたお手本で、黒いところが白くなり、白いところが黒くなるというお約束を一緒に確認してから行う。
・左端の四角の中の形が、お手本と同じお約束で変わるとどのようになりますか。正しいものを右側から選んで、青で○をつけましょう。

考査：第二次

| 集団テスト | 考査日、時間によって内容は異なる。 |

校舎内廊下で受験票を提示し、控え室となっている教室の前でもう一度受験票を提示すると座席の番号を言われるので、その番号の席に保護者と並んで座って待つ。呼び出し時刻になったら指示通り体操服に着替え、運動靴に履き替える。受験票を持って廊下に並び、移動のときの注意事項（①受験票をなくさない、②廊下を走らない、③前の人を抜かさないなど）のお話を聞く。考査会場へ入室する前に別室で番号のついたランニング型のゼッケンをつけて、考査会場での立ち位置や座席を指定する各自の識別マークを覚える。考査

会場のいすや床には形と色別のマーク（赤、青、黄色、緑の〇、△、□、☆など）がついている。

### 6 巧緻性・指示の理解

児童用の机に向かって行う。

#### A

用意されたジグソーパズルを完成させる（考査日やグループによって、絵柄のない無地のピースで行うこともある）。

#### B

穴の開いた板と３色（赤、黄色、青）の綴じひも６本が用意されている。その中から綴じひもを１本選び、テスターが示したお手本と同じになるように板の穴に通す。その後、残りの綴じひもを自由に穴に通して遊ぶ。

#### C

短く切り分けた５色のストローと綴じひも２本、台紙、セロハンテープが用意されている。１本の綴じひもにストローを「青、赤、水色」の順番で３回くり返すように通す。もう１本の綴じひもには自分の好きなようにストローを通す。それぞれの綴じひもを台紙の上に好きな形に置き、セロハンテープで留める。

### 7 絵画（想像画）

6 の課題と同じ机で行う。クレヨン（12色）と背景などが描かれた台紙が用意され、与えられたテーマに沿って絵を描き足す。テーマはグループによって異なる。

#### A

海に浮かぶ島の絵が描かれた台紙に「無人島に何を持っていき、どうしたいか」を描く。

#### B

テーブルと４脚のいすが描かれた台紙に「誰と一緒に何を食べたいのか」がわかる絵を描く。

#### C

リボンがかけられた箱と袋が描かれた台紙に「誰かにあげたいプレゼント」と「自分がもらいたいプレゼント」を描く。

D

大きな木とツリーハウスの基礎部分が描かれた台紙に「ツリーハウスでしたいこと」の絵を描く。

E

原っぱが描かれた台紙に「原っぱでしたいこと」の絵を描く。

## 言　語

絵画の課題の間に、テスターからどのような絵を描いているか、どうしてその絵を描いたのかたずねられ、答える。

## 運動テスト

## 模倣体操

音楽に合わせて、テスターと同じように行う。
・指を開いたり折ったりした後、片手を前に伸ばしもう一方の手で指をそらせて、手首のストレッチ運動をする。
・頭を片手で押しながら前後や左右に倒し、首のストレッチ運動をする。
・前後屈、ひざの屈伸や伸脚、アキレス腱伸ばしをする。

指をそらせる　　頭を横に倒す　　　アキレス腱を伸ばす

## 8 リズム遊び・指示行動

テスターが行う3つのポーズを覚えた後、「魚・アサリ・カニ」、「魚・カニ・アサリ」など指示された順番に、テスターがたたくタンバリンのリズムに合わせてポーズをとる（グループにより「丸・三角・四角」や「ライオン・ウサギ・クジャク」など、覚える3つのポーズは異なる）。

## 9 連続運動

3つのコースが用意され、3人同時に競争形式で行う。自分の順番が来るまで自分の識別マークがついた位置で体操座りをして待つ。

・赤い四角の中に立ち、スタートの合図で前方の机まで走る→机の上の新聞紙で作られた玉を、前方の的に向かって投げる。さらに机の上の新聞紙1枚を自分で丸めて玉にし、的に向かって投げる（投げ終えた玉の処理はテスターが行う）→縦に2枚並べられたマットの上をクマ歩き（横向きのクマ歩き、クモ歩き、手つきウサギ跳びなど、グループによって指示が異なる）で進む→ランダムに並んだ高さの異なる切り株のような台を飛び石のように渡る→旗が立ったコーンの外側を回り、ゴールの青い四角まで走る→青い四角の中に立ち、気をつけの姿勢で待つ。

## 10 集団ゲーム

4人ずつのチームに分かれ、2チーム対抗で行う。ほかの2チームは、体操座りで見学する。

### A

・1人1本ずつうちわを持って1列に並ぶ。スタートラインに置かれたカゴの中のプラスチックのカラーボールを1つ取ってうちわに載せ、そのままコーンを回って戻ってきたら、自分のチームのカゴにボールを入れる。次の人は、前の人が戻ってスタートラインを越えたら、ボールをうちわに載せてスタートする（ボールを落としたときは、その場で拾ってやり直す）。より多くのボールを運び、チームのカゴに集めたチームの勝ち。

### B

・曲げたり縮めたり伸ばしたりできる蛇腹ホースを1人1本ずつ持って1列に並ぶ。一番端の人がカゴの中のピンポン球を自分のホースに入れて通し、隣の人のホースに移す。順に隣の人へ移していき、最後の人は前方のカゴまで行ってピンポン球をカゴに入れる。ただし、カゴに入れることができるのは、カゴのそばにいるテスターが持っている旗を挙げているときのみというお約束があるので、それまでは最後の人がホースにピンポン球を溜めて待つ。ピンポン球をカゴに入れた後は、列のどの位置に戻ってもよい。「やめ」の合図があるまでこれをくり返し、時間内により多くのピンポン球を前方のカゴに移せたチームの勝ち。

### C

・チームごとに1列に並んで行う。テスターから渡される穴の開いた新聞紙を、先頭の人から順番に頭からかぶって体を通し、足を抜いたら次の人に渡していく。チームの全員が通し終わったら、最後尾の人は新聞紙をコーンにかぶせる。途中で新聞紙が破れてしまった場合は、フープの中にある予備の新聞紙に取り替えて戻り、続きを行う。「やめ」の合図があるまでこれをくり返し、時間内により多くの新聞紙をコーンにかぶせたチームの勝ち。

**1** ★

2023
2022
2021
2020
2019
2018
2017
2016
2015
2014

**3**

**4**

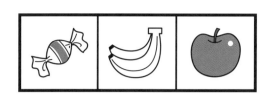

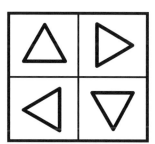

**4**

**5**

★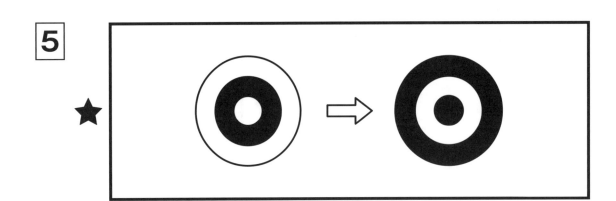

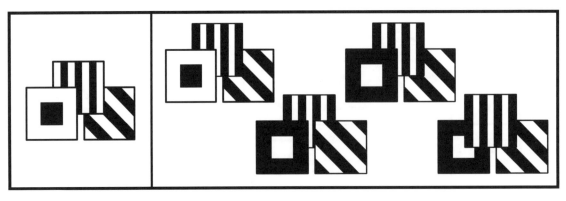

**6**
**―**
**A**

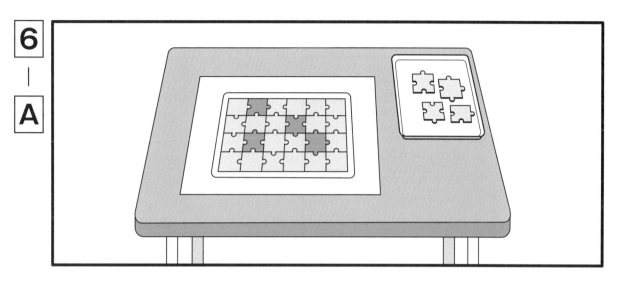

**B**

3色（赤、黄色、青）の綴じひもが6本ある

【お手本】

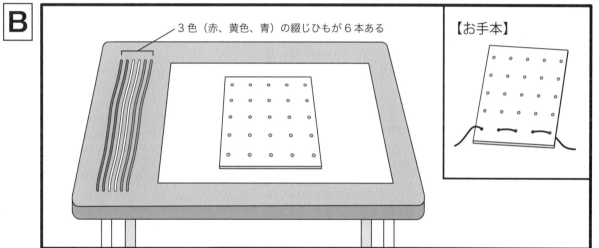

**C**

短く切り分けられた5色（青、赤、水色など）のストロー

セロハンテープ

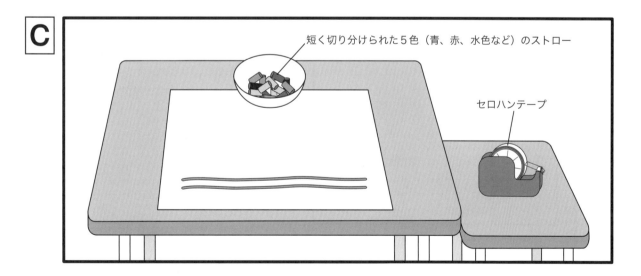

7
—
A
B
C
D
E

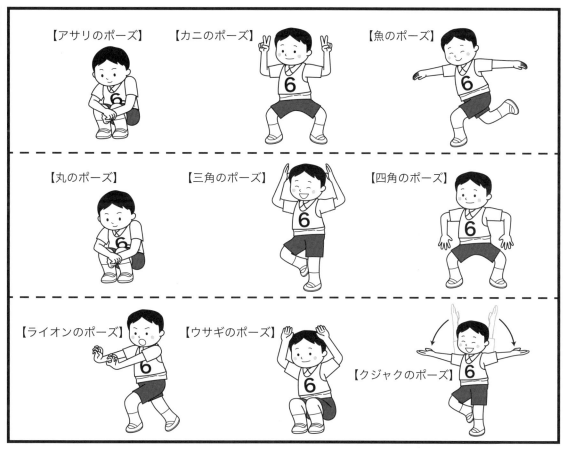

【アサリのポーズ】　　【カニのポーズ】　　【魚のポーズ】

【丸のポーズ】　　【三角のポーズ】　　【四角のポーズ】

【ライオンのポーズ】　　【ウサギのポーズ】　　【クジャクのポーズ】

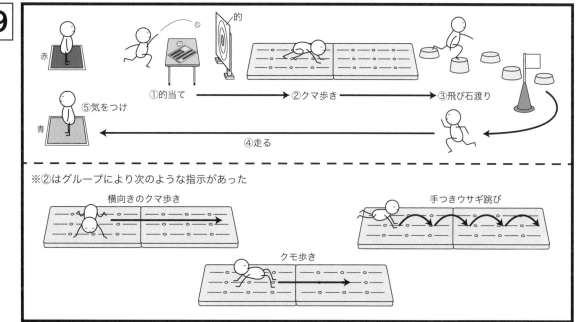

的

赤

①的当て　　　　→　　②クマ歩き　　　→　　③飛び石渡り

⑤気をつけ

青

④走る

※②はグループにより次のような指示があった

横向きのクマ歩き　　　　手つきウサギ跳び

クモ歩き

**10**

**A**

**B**

**C**

# section 2021 慶應義塾横浜初等部入試問題

## ■ 選抜方法

| 第一次 | 考査は1日で、女子から先に月齢別のグループに分かれ、年少者グループからペーパーテストを行う。男子約280人、女子約180人の計約460人を選出。所要時間は約30分。 |

| 第二次 | 第一次合格者を対象に4日間のうち1日を指定される。第二次は男子から先に月齢別のグループに分かれ、年少者グループから約16人単位で集団テストと運動テストを行う。男子66人、女子42人を選出。所要時間は約1時間30分。 |

### 考査:第一次

**ペーパーテスト** | 筆記用具は青のクーピーペンと茶色のクレヨンを使用し、訂正方法は×(バツ印)。出題方法は音声。一部、教室前方のスクリーンにも問題のプリントが映される。

※男女やグループによって問題が異なる

### 1 観察力・推理・思考

例題で解き方を理解してから、以下の課題を行う。

・左に、葉っぱがついたつるが曲がっている様子の絵があります。このつるを真っすぐに伸ばしたり、伸ばしたものを裏返したりするとどのようになりますか。右から正しいものを選んで、茶色のクレヨンで○をつけましょう。

### 2 話の理解

問題のプリントが教室前方のスクリーンに映され、それを見ながらお話を聞く。

・青い四角です。動物たちが並んでいます。ウサギは「僕の前にも後ろにも誰かがいる」と話し、イヌは「僕の後ろには誰もいない」と言いました。動物たちはどのような順番で並んでいますか。お話と合う絵に茶色で○をつけましょう。

・赤い四角です。3匹の動物がかけっこをしました。ウサギは「僕がゴールする前にお友達が2匹もゴールしていたんだよ」と言い、ネコは「僕の前にゴールしたお友達も、後からゴールしたお友達もいたよ」と言いました。動物たちはどのような順番でゴールしましたか。1番目にゴールしたら1つ、2番目にゴールしたら2つというように、ゴールした順番の数だけ動物の顔の下の四角に青で○をかきましょう。

・黄色い四角です。4匹の動物がかけっこをしました。キツネは「僕より前にゴールしたお友達が1匹いたよ」と言いました。ブタは「僕より前にゴールしたお友達が2匹で、

僕の後ろには1匹いた」と言いました。ウシは「僕より後にゴールしたお友達は1匹も いなかったよ」と言いました。動物たちはどのような順番でゴールしましたか。1番目 にゴールしたら1つ、2番目にゴールしたら2つというように、ゴールした順番の数だ け動物の顔の下の四角に青で○をかきましょう。

## ③ 話の記憶

問題のプリントが教室前方のスクリーンに映され、それを見ながらお話を聞く。

『ある日、たろう君とじろう君とさぶろう君の3人きょうだいが、お使いに出かけました。 お母さんから頼まれたものは、ひき肉とタマネギ、卵、そしてコショウと塩でした。3人 はスーパーマーケットの中で別れて、頼まれたものを探しました。たろう君はひき肉を探 しに行きましたが、途中で何を買うつもりだったのか忘れ、思い出すまでにずいぶんと時 間がかかってしまいました。じろう君はタマネギと卵を探しに行きました。タマネギを最 初に見つけて手に取ると、タマネギを切るお手伝いをしたときに涙が止まらなくなったこ とを思い出しました。そうしてタマネギを見ていたら涙が出てきて、卵を探すのに時間が かかってしまいました。さぶろう君はコショウと塩を探しにいきました。コショウを見つ けてじっくり見ていたらくしゃみが止まらなくなってしまい、みんなのところへ戻るまで に時間がかかってしまいました。3人とも、頼まれたものを頑張って見つけて、何とか無 事にお買い物を終えることができました。お家に帰って、さっそくお母さんと一緒にお料 理をしました。ひき肉と炒めたタマネギをこねて、細かくちぎって牛乳に浸したパン、卵 も一緒に混ぜました。塩とコショウで味つけをして、丸く形を作ったら、お母さんがフラ イパンで焼いてできあがりです。たろう君たちの晩ごはんは、いつもよりとてもおいしく できたそうですよ』

・青い四角です。たろう君が探しに行ったものに茶色で○をつけましょう。
・赤い四角です。じろう君がお買い物に時間がかかってしまった理由は何ですか。合う絵 に茶色で○をつけましょう。
・黄色い四角です。お母さんと作った料理に茶色で○をつけましょう。

## ④ 点図形

・左のお手本と同じになるように、右の四角に青でかきましょう。

考査：第二次

## 集団テスト

考査日、時間によって内容は異なる。

校舎内廊下で受験票を提示し、控え室となっている教室の前でもう一度受験票を提示する

と座席の番号を言われるので、その番号の席に保護者と並んで座って待つ。呼び出し時刻になったら指示通り体操服に着替え、運動靴に履き替える。受験票を持って並び、移動のときの注意事項(①受験票をなくさない、②廊下を走らない、③前の人を抜かさないなど)のお話を聞く。考査会場へ入室する前に別室で番号のついたランニング型のゼッケンをつける。考査会場のいすや床には形と色別のマーク（赤、青、黄色、緑の○、△、□、☆など）がついており、考査は指定された自分のマークのところで行う。

## ⑤ 巧緻性・指示の理解

児童用の机に向かって行う。机上には自分のマークがかかれたカードが立ててあり、青い折り紙（15cm四方）と赤い折り紙（10cm四方）が紙皿の上に用意されている。折るものはグループによって異なる。

### Ａ
映像で指示される折り方（①または②）に沿って、青い折り紙を折る。

### Ｂ
壇上にいるテスターから口頭のみで指示される折り方に沿って、赤い折り紙を折る。

①折り紙の白い方が表になるように置いてください。折り紙の下の端が上に合うように半分に折って、長四角にしましょう。半分に折った手前の1枚だけを、上の端が下に合うように半分に折ってください。裏返して反対側も同じように折りましょう。

②折り紙の白い方を表にして、角が上になるように置いてください。下の角が上の角に合うように三角に折りましょう。三角の手前の1枚だけを、上の角が下の端に合うように折り返してください。最後に右の角が上の角に合うように折りましょう。

絵画の課題中には透明パーティション越しにテスターが話しかけてくる

折り紙を載せた紙皿

③白い方を表にして折り紙を置き、真四角に四つ折りにしてください。一度開いて、3つの角が真ん中に合うように折り、1つの角だけは裏返して反対側に折りましょう。この裏側に折った1つの角が表側に少し飛び出るように折り返しましょう。

## 🖼 絵画（想像画）

⑤の課題と同じ机で行う。クレヨン（12色）と白い画用紙が用意される。民話や童話のよ

うな話を聞き、与えられたテーマの絵を描く。テーマはグループによって異なる。

（男子）
・ある男が、幽霊だと名乗る男に出会ってその男を背負って歩くことになってしまうお話を聞いた後、「幽霊が嫌いだと思うもの2つ」の絵を描く。
・おじいさんが山へしば刈りに行くと寒がっているカッパに出会い、助けてあげたら、行きたい場所に行ける不思議な袋をもらったお話を聞いた後、「一番行きたい場所」の絵を描く。
・宿を求めてやって来たお坊さんをお家に泊めてあげた貧しい一家が、お坊さんから願いがかなう玉をもらったお話を聞いた後、「やってみたいこと、かなえたいこと」の絵を描く。
・村の長者のもとにいろいろな早業を身につけた男たちが集まり、自分の早業を自慢し合うお話を聞いた後、「身につけたい早業」の絵を描く。

（女子）
・食い意地の張ったおばあさんとその家族のお話を聞いた後、「一番好きな食べ物」の絵を描く。
・いろいろな季節の部屋がある屋敷で遊ぶ兄と妹のきょうだいのお話を聞いた後、「好きな季節にしたいこと」の絵を描く。
・貧しいが絵を描くのが得意な絵描きのお家に泥棒が入り、絵に描いた鉄砲で絵描きに退治されるお話を聞いた後、「自分の部屋に欲しいもの」の絵を描く。

### 📖 言　語

絵画の課題の間に、テスターからどのような絵を描いているか、どうしてその絵を描いたのかたずねられ、答える。

## ▎運動テスト ▎

### 📖 模倣体操

音楽に合わせて、テスターと同じように行う。
・指を開いたり折ったりする。
・ひざの屈伸をする。
・上半身を大きく回したり、頭を前後左右に傾けたりする。

### 6 リズム遊び・指示行動

テスターが行うゴリラ、カマキリ、フラミンゴのポーズを覚えた後、「ゴリラ・カマキリ」

「フラミンゴ・ゴリラ」「カマキリ・ゴリラ・フラミンゴ」など指示された順番に、テスターのたたくタンバリンのリズムに合わせてポーズをとる。

### 7 連続運動

3つのコースが用意され、3人同時に競争形式で行う。自分の順番が来るまで自分のマークがついた円の中で体操座りをして待つ。
・ラダー（はしごのようなトレーニング器具）のマス目に合わせてケンパー（または両足跳びやケンケンなど）で進む→くの字に曲がった平均台を渡る（落ちてしまったらその場から渡り直す）→走って旗を回り、ゴムボールが載っている大小2つのコーンまで進む→大きいコーンの上にあるボールを的に向かって投げ、続けて小さいコーンの上にあるボールも同様に投げる（投げ終えたボールの処理はテスターが行う）→スタート位置に戻ってゴール。

### 8 リズム・身体表現

自分のマークがついた円の中で行う。
・スピーカーから流れてくる音声（動物がほえる声、鳥の鳴き声、草や葉が擦れるような音、生き物が水面を動くような音のほか、バイオリンの音色で子守歌のようなメロディーなど）を円の中に座ったまま聞く。その後、同じ音声がもう一度流れるので、その音から想像できるものになって体を動かす。
・テスターがたたくタンバリンや太鼓の様々なリズムに合わせて、自由に動いたり踊ったりする。

**1**

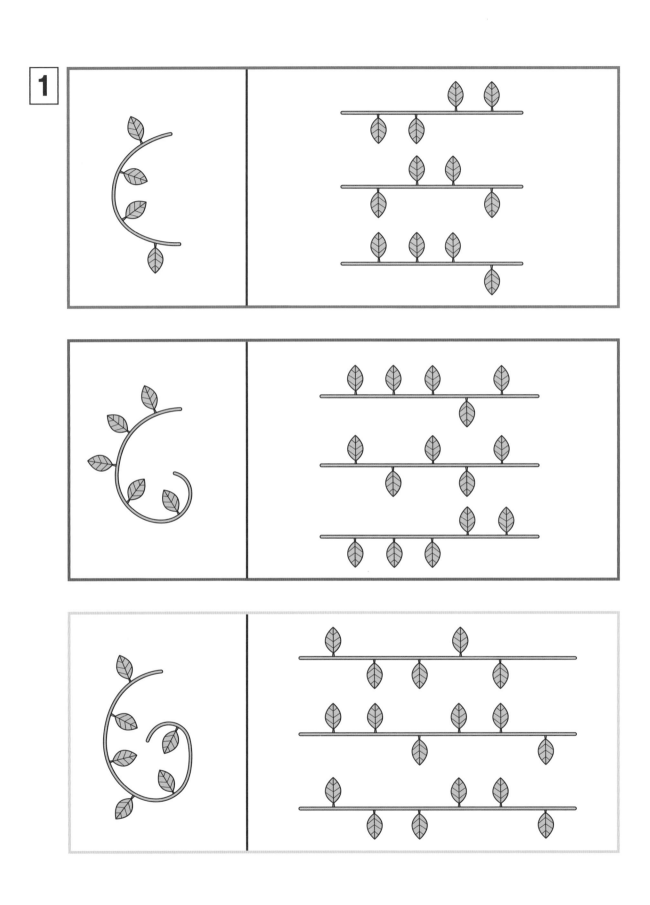

**2**

**3**

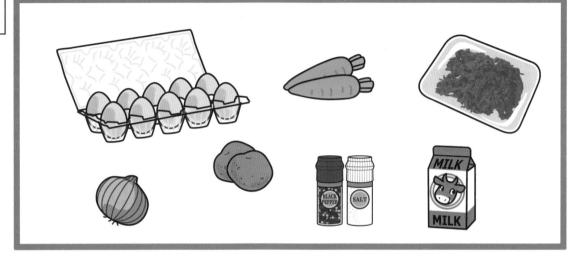

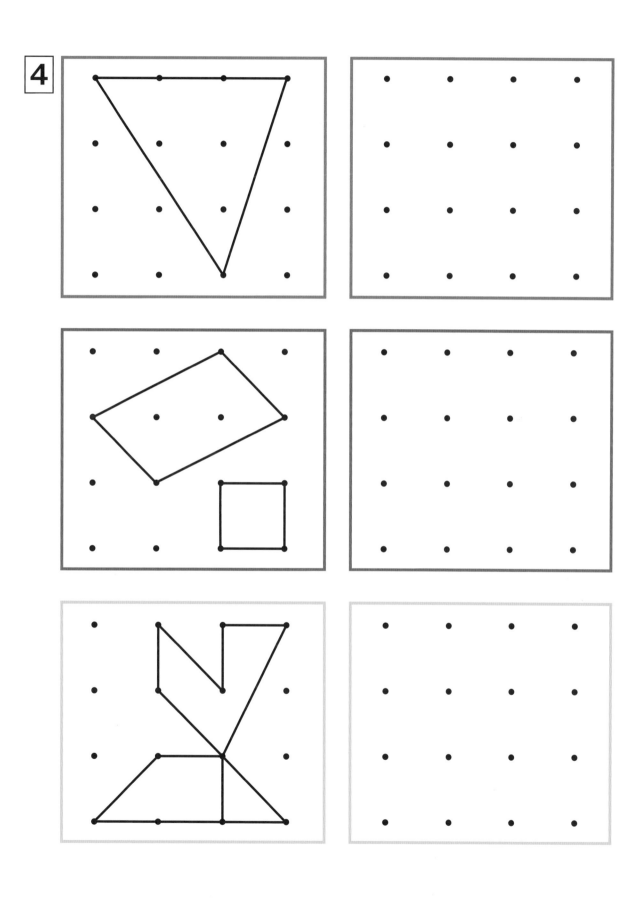

**4**

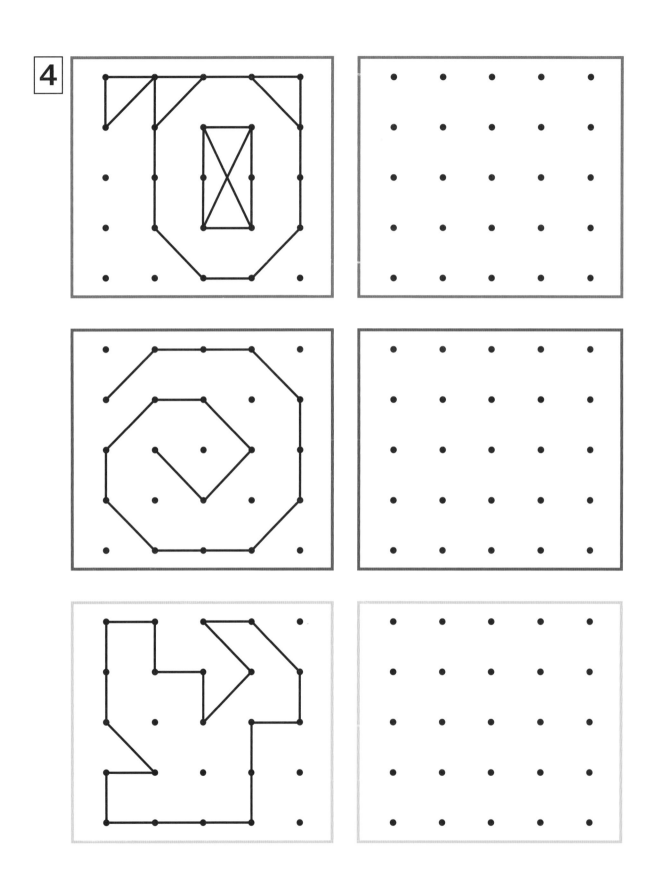

## 5 — A

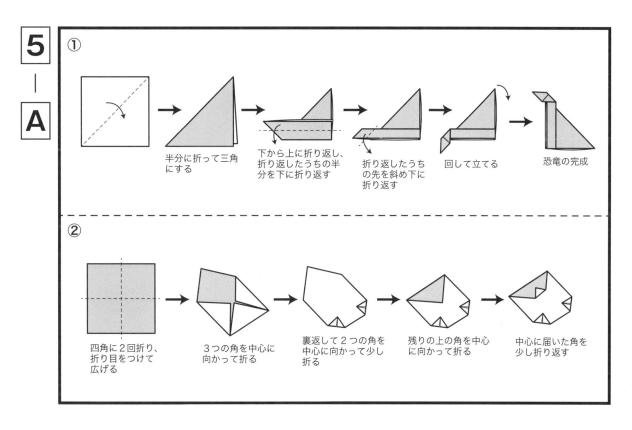

**①**

半分に折って三角
にする

下から上に折り返し、
折り返したうちの半
分を下に折り返す

折り返したうち
の先を斜め下に
折り返す

回して立てる

恐竜の完成

**②**

四角に2回折り、
折り目をつけて
広げる

3つの角を中心に
向かって折る

裏返して2つの角を
中心に向かって少し
折る

残りの上の角を中心
に向かって折る

中心に届いた角を
少し折り返す

## B

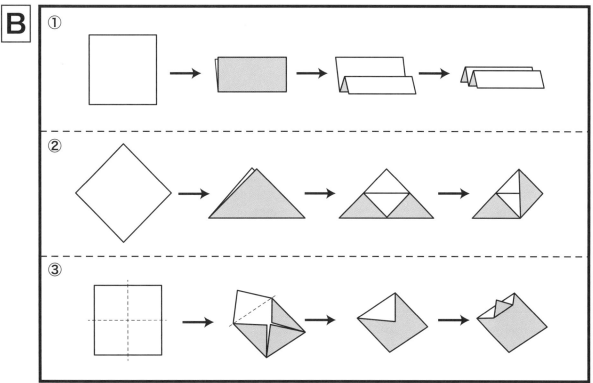

**①**

**②**

**③**

**6**

【ゴリラのポーズ】　　　　【カマキリのポーズ】　　　　【フラミンゴのポーズ】

**7**

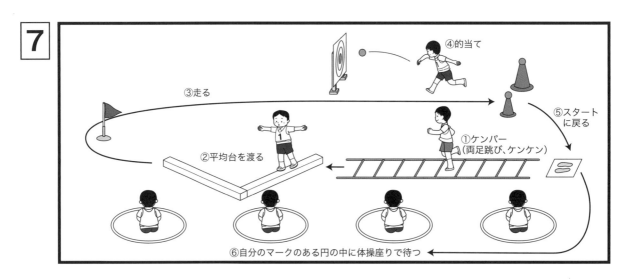

④的当て
③走る
②平均台を渡る
①ケンパー（両足跳び、ケンケン）
⑤スタートに戻る
⑥自分のマークのある円の中に体操座りで待つ

**8**

# section 2020 慶應義塾横浜初等部入試問題

## ■ 選抜方法

| 第一次 | 考査は1日で、女子から先に月齢別のグループに分かれ、年少者グループからペーパーテストを行う。男子約280人、女子約180人の計約460人を選出。所要時間は約30分。 |

| 第二次 | 第一次合格者を対象に4日間のうち1日を指定される。第二次は男子から先に月齢別のグループに分かれ、年少者グループから約20人単位で集団テストと運動テストを行う。男子66人、女子42人を選出。所要時間は約1時間30分。 |

### 考査：第一次

**ペーパーテスト** 筆記用具は青のクーピーペンと赤のクレヨンを使用し、訂正方法は×（バツ印）。出題方法は口頭と音声。一部、教室前方のスクリーンに映される映像を見て解答するものもある。

※男女やグループによって問題が異なる。

## 1 話の理解・推理・思考（左右弁別）

・赤い四角です。「黒い矢印のところから真っすぐ進み、最初の交差点を曲がらずに進み、2つ目を右に曲がってその次を左へ曲がります。また次の角を左に曲がり、そのまま真っすぐ進んで突き当たりのお家に着きました」。お話に合うように、黒い矢印のところから進んだ道に赤で線を引き、着いたお家に○をつけましょう。

・青い四角です。「黒い矢印のところから真っすぐ進み、3つ目の交差点を右に曲がり、次の交差点を右に曲がり、その次の交差点も右に曲がってそのまま真っすぐ進んで突き当たりのお家に着きました」。お話に合うように、黒い矢印のところから進んだ道に青で線を引き、着いたお家に○をつけましょう。

## 2 話の理解・言語（なぞなぞ）

Ⓐ

（男子）

・赤い四角です。わたしは跳ねるのが得意ですが、敵が来ると草の中に隠れ、水に潜ることもできます。わたしは誰でしょう。合う絵に赤で○をつけましょう。

・青い四角です。わたしは空を飛びます。両側に羽がついている乗り物です。わたしは誰でしょう。合う絵に赤で○をつけましょう。

・黄色い四角です。わたしは木や土から生えてきます。炊き込みご飯やお鍋によく入れら

れます。わたしは誰でしょう。合う絵に赤で○をつけましょう。

B

（女子）

・赤い四角です。わたしは赤い果物です。ショートケーキの上によくのっています。わたしは誰でしょう。合う絵に赤で○をつけましょう。

・青い四角です。わたしには毛のようなものが生えています。食事の後にきれいにするときに使います。わたしは誰でしょう。合う絵に赤で○をつけましょう。

・黄色い四角です。わたしは公園にあります。登ったり降りたりして遊び、四角い部屋がたくさんあります。わたしは誰でしょう。合う絵に赤で○をつけましょう。

### 3 推理・思考（絵の順番）

A

（男子）

・それぞれの段の4枚の絵をお話の順番になるように並べるとき、1番目の絵には1つ、2番目の絵には2つというように、4番目まで絵のすぐ下に青で○をかきましょう。

B

（女子）

・それぞれの段の4枚の絵をお話の順番になるように並べるとき、1番目の絵には1つ、2番目の絵には2つというように、4番目まで絵のすぐ下に青で○をかきましょう。

### 4 推理・思考（四方図）

・それぞれの段の左にある積み木を上から見ると、どのように見えますか。正しいものを右側から選んで、赤で○をつけましょう。

### 5 常識（判断力）

A

（男子）

・赤い四角です。電車に乗っていたら、隣の人に注意されました。どの絵の子どものことですか。その絵の下の四角に赤で○をかきましょう。

・青い四角です。朝ごはんのときに、お母さんにしかられました。どの絵の子どものことですか。その絵の下の四角に赤で○をかきましょう。

・黄色い四角です。おじいさんから「とても助かったよ」とほめられました。どの絵の子どものことですか。その絵の下の四角に赤で○をかきましょう。

Ⓑ

（女子）

・赤い四角です。電車の中で、近くの人に注意されました。どの絵の子どものことですか。その絵の下の四角に赤で○をかきましょう。

・青い四角です。朝ごはんのときに、お母さんにしかられました。どの絵の子どものことですか。その絵の下の四角に赤で○をつけましょう。

・黄色い四角です。幼稚園の先生にほめられました。どの絵の子どものことですか。その絵の下の四角に赤で○をかきましょう。

## 考査：第二次

## 集団テスト ┃ 考査日、時間によって内容は異なる。

玄関で受験票を提示し、当日の内容や注意事項が書かれた印刷物を1枚もらう。控え室となっている教室の前でもう一度受験票を提示すると座席の番号を言われるので、その番号の席に保護者と並んで座って待つ。呼び出し時刻になったら指示通り体操服に着替え、運動靴に履き替える。移動のときの注意事項（①受験票をなくさない、②廊下を走らない、③前の人を抜かさないなど）のお話を聞く。考査会場へ入室する前に別室で番号のついたランニング型のゼッケンをつける。考査会場のいすや床には形と色別のマーク（赤、青、黄色、緑、紫の○、△、□、☆、♡など）がついており、考査は指定された自分のマークのところで行う。

### ▱ 行動観察

3人がけの長いすに座って、昔話（「ぶんぶくちゃがま」「猫檀家」「ねずみきょう」「播磨のめっかい」「神様の鬼退治」など）の読み聞かせを聞く。

### 6 制作・行動観察

Ⓐ

低い机の上に粘土（白、黄土色、水色）、3種類の粘土ベラが各自に用意されている。座布団に座り、与えられたテーマのものを粘土で作る。テーマは考査日によって異なる。

（男子）

・昼ごはんに食べたいものを作りましょう。

・お誕生日にあったらいいと思うものを作りましょう。

・お祭りであったらいいと思うものを作りましょう。

・晩ごはんに食べたいものを作りましょう。

（女子）

・おやつに食べたいものを作りましょう。

・お正月に関係のあるものを作りましょう。

・朝ごはんに食べたいものを作りましょう。

B

制作の後、作った粘土の作品を紙皿や舟形の容器に入れて持ち、大きなマットの上に全員が集まる。周りの人に声をかけ2人1組になり、お互いに自己紹介をして作品を見せながら作った理由などを伝え合う。終了の合図があるまで、相手を変えいろいろな人と行う。

## 📄 言　語

制作の間に、テスターから質問される。質問が発展することもある。

・どうしてそれを作ろうと思ったのですか。

・どうしてそれが食べたいのですか。

## 運動テスト

## 📄 模倣体操

・指を開いたり折ったりする。

・その場で駆け足などを行う。

・ひざの屈伸、体側伸ばし、前後屈、開脚前屈などの体操をする。

・ひざ、肩、頭などの部位に触れるリズム体操を行う（テスターの動きと1呼間遅れで行うなどの指示もある）。

### 7 集団ゲーム（ボール運び競争）

いくつかのチームに分かれてボール運び競争をする。「やめ」と言われるまで続け、ボールをよりたくさんコーン形のボール台に載せたチームの勝ち（または縦、横、斜めのどれか1列にボールが並んだところが多いチームの勝ち）。始める前に作戦を立てる時間がある。

・スタートの合図で前方の床にある線までボールを持って走る（手でつきながら進む、投げ上げて捕りながら進むなど、チームにより指示が異なる）。

・4×4列に並べられたコーン形のボール台にボールを載せ、その先にあるコーンを回って折り返す。マットの上をクマ歩き（またはクモ歩き）で進む。

・コーンを2本立てたゲートの間を走り抜けたら（スキップで抜ける、サイドステップで抜けるなど、チームにより指示が異なる）、次走者がスタートを切る。

**1**

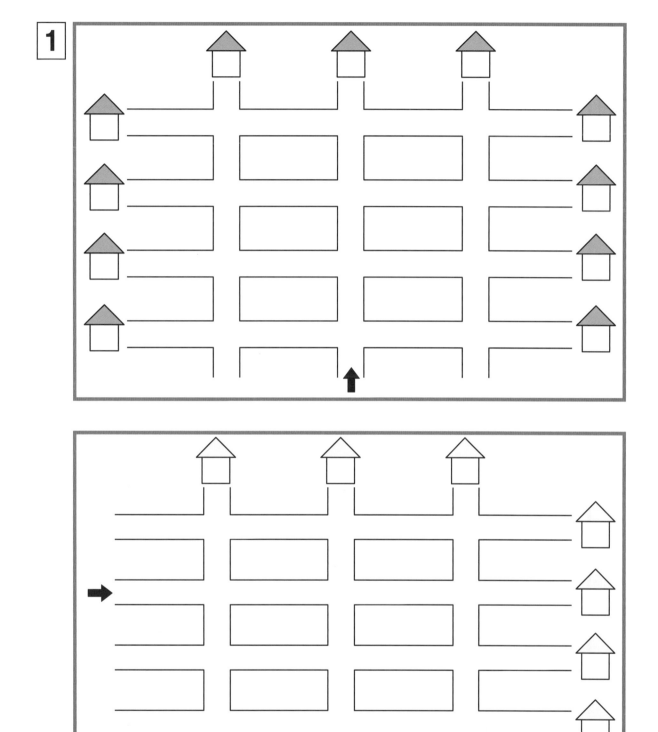

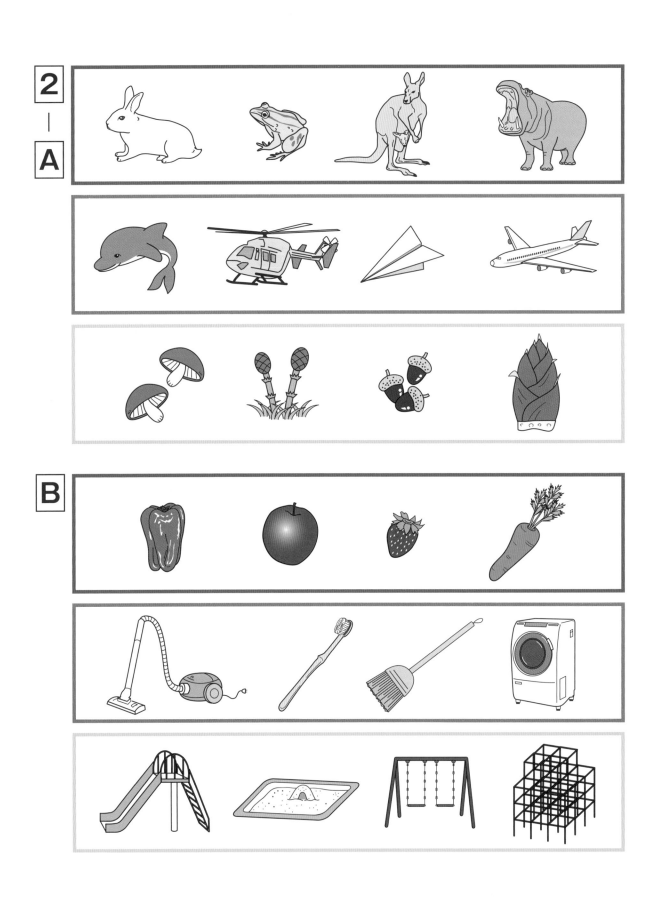

3
ー
B

**4**

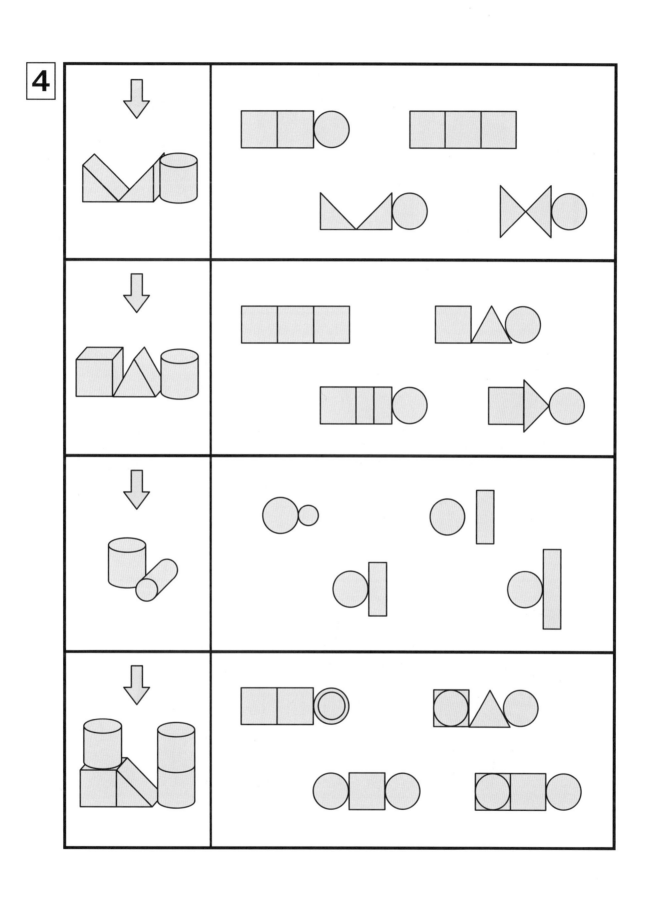

**5**
**‑**
**A**

# 2019 慶應義塾横浜初等部入試問題

## ■ 選抜方法

| 第一次 | 考査は1日で、女子から先に月齢別のグループに分かれ、年少者グループからペーパーテストを行う。男子約280人、女子約180人の計約460人を選出。所要時間は約40分。 |

| 第二次 | 第一次合格者を対象に4日間のうち1日を指定される。第二次は男子から先に月齢別のグループに分かれ、年少者グループから約20人単位で集団テストと運動テストを行う。男子66人、女子42人を選出。所要時間は約1時間40分。 |

### 考査：第一次

## ▌ ペーパーテスト ▌ 筆記用具は青のクーピーペンと赤のクレヨンを使用し、訂正方法は×（バッ印）。出題方法は口頭と音声。

※男女やグループによって問題が異なる。

### 1 観察力（同図形発見）

（女子）

Ⓐ

・左のお手本と同じものに赤で○をつけましょう。向きが変わっているものもあります。

（男子）

Ⓑ

・左のお手本と同じものに赤で○をつけましょう。向きが変わっているものもあります。

### 2 模写（対称）

（女子）

Ⓐ

・透明な紙に赤い線がかいてあります。真ん中の青い線でパタンと折ったときに線がピッタリ重なるように、赤で右側に線をかきましょう。

Ⓑ

・同じように、真ん中の青い線でパタンと折ったときに線がピッタリ重なるように、青で右側に線をかきましょう。

### ③ 推理・思考（進み方）

（男子）

・上の四角を見ましょう。印が左から順番に並んでいます。下のマス目の矢印のところから、上の印の並び方の順番で縦か横に進んでいくと、どの動物に着きますか。通るマス目に青で線を引き、着いた動物の絵に○をつけましょう。2枚目も同じようにやりましょう。

### ④ 話の記憶

（女子）

「昨日の夕方、お母さんとはなこさんと弟でスーパーマーケットへ買い物に行きました。野菜売り場でお父さんの好きなシイタケのほかに、サラダに入れるトマトとキュウリ、それからナスも買いました。新鮮なサンマや朝ごはんのためのパンと、おやつのジュースも買いました。荷物がいっぱいになったので、はなこさんは野菜が入った袋を持ち、弟はパン、お母さんは残りのものを入れた袋を持ちました」

・一番上の段です。お買い物に行った人が正しく描かれた四角に赤で○をつけましょう。
・2段目です。お父さんの好きなものに赤で○をつけましょう。
・3段目です。朝ごはんのために買ったものに赤で○をつけましょう。
・一番下の段です。はなこさんが持った袋に入っていたものに青で○をつけましょう。

### ⑤ 話の記憶

（男子）

「日曜日の朝、たろう君はお母さんから紙と箱をもらい、おじいちゃんからは割りばしをもらって、お父さんと一緒に車を作ることにしました。箱に割りばしを刺して、紙に丸を4つかいて切り取ると、タイヤになるように割りばしの先につけました。青い車のほかに赤と黄色の車ができたので、お父さんやお母さんと一緒に競争をすることにしました。1位になったのはたろう君の青い車で、2位はお母さんの黄色い車、3位はお父さんの赤い車でした」

・一番上の段です。一緒に車を作った人に赤で○をつけましょう。
・2段目です。お母さんからもらったものは何ですか。正しいところに赤で○をつけましょう。
・3段目です。お父さんが競争のときに使った車に赤で○をつけましょう。
・一番下の段です。1位になった車に、青で○をつけましょう。

## 6 話の理解・観察力

**A**

（女子）

・赤い四角です。動物園にたくさんの人がいます。いちろう君は長袖のシャツを着て、長ズボンをはき、クマのぬいぐるみを持っています。いちろう君に赤で○をつけましょう。

・青い四角です。動物園にたくさんの人がいます。はるき君は青い水筒を肩にかけ、野球帽をかぶり、長袖のシャツを着て、半ズボンをはいています。はるき君に赤で○をつけましょう。

（男子）

・赤い四角です。動物園にたくさんの人がいます。いちろう君はクマの絵がかいてある長袖のシャツを着て、長ズボンをはいています。いちろう君に赤で○をつけましょう。

・青い四角です。動物園にたくさんの人がいます。はるき君は帽子をかぶり、肩から水筒をかけて、リュックサックを背負っています。はるき君に赤で○をつけましょう。

**B**

・動物園にたくさんの人がいます。はなこさんは頭にリボンをつけて、半袖シャツを着てスカートをはき、手には本を持っています。はなこさんに赤で○をつけましょう。

## 7 推理・思考（絵の順番）

（女子）

**A**

・それぞれの段の4枚の絵をお話の順番になるように並べるとき、1番目の絵には1つ、2番目の絵には2つというように、4番目まで絵のすぐ下に青で○をかきましょう。

（男子）

**B**

・それぞれの段の4枚の絵をお話の順番になるように並べるとき、1番目の絵には1つ、2番目の絵には2つというように、4番目まで絵のすぐ下に青で○をかきましょう。

**考査：第二次**

**集団テスト** ┃ 考査日、時間によって内容は異なる。

玄関で受験票を提示し、当日の内容や注意事項が書かれた印刷物を1枚もらう。控え室と

なっている教室の前でもう一度受験票を提示すると座席の番号を言われるので、その番号の席に保護者と並んで座って待つ。呼び出し時刻になったら指示通り体操服に着替え、運動靴に履き替える。移動のときの注意事項（①受験票をなくさない、②廊下を走らない、③前の人を抜かさないなど）のお話を聞く。考査会場へ入室する前に別室で番号のついたランニング型のゼッケンをつける。考査会場のいすや床には形と色別のマーク（赤、青、黄色、緑、紫の○、△、□、☆、♡など）がついており、考査は指定された自分のマークのところで行う。

## 行動観察（的当て競争）

1グループ10人程度に分かれて行う。台の上に並んだ赤鬼、青鬼、黄色鬼の的に玉を当てて倒す。終わった時点でより多くの的を倒していたチームの勝ち。投げるときに線から出ないこと、青鬼をすべて倒したら赤鬼を倒し、赤鬼をすべて倒したら黄色鬼を倒すこと、というお約束がある。

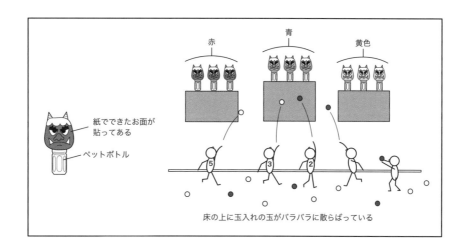

## 制 作

B4判の白い画用紙、ポンキーペンシル、スティックのり、セロハンテープ、はさみが各自の机の上に用意されている。机の両脇に手提げ袋（茶色、白）がかけてあり、茶色の手提げ袋は材料を持ち運ぶ袋として、白い手提げ袋は片づけの際にゴミ袋として使うように指示がある。材料置き場には色画用紙、折り紙、お花紙などが用意されている。個人制作のテーマは男女各グループで、日程により異なる。

（男子）
・画用紙を丸めて円柱を作り、飾りつけをして、公園で見かけるものを作る。
・画用紙を縦に四つ折りにして四角柱を作り、飾りつけをして、山に持っていくものや山で見かけるものを作る。

・画用紙を縦に四つ折りにして両端の面を重ね合わせて三角柱を作り、飾りつけをして、海に持っていくものや海で見かけるものを作る。
・画用紙を線に沿って切り円すいを作り、飾りつけをして、タイムマシンで行った未来にあるものを作る。

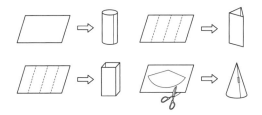

（女子）
・画用紙を四つ折りにして三角柱（または四角柱）を作り、テスターが挙げたお店屋さん（パン屋、花屋、八百屋、ペットショップ、ケーキ屋など）の中から1つを選び、その店の看板になるように飾りつけをしたり、商品を作ったりする。

## 🖾 行動観察

上記のいずれかの制作の後、下記の活動を行う。

（男子）
・同じマークの人たちが指定の場所に集まる。自分が作ったものを紹介し、どれを使って遊ぶか相談する。

（女子）
・お店屋さんごっこをする。一人ひとりが作ったお店屋さんを演じ、お客さん役のテスターたちとやり取りをして楽しむ。

## | 運動テスト | 男女やグループによって内容に若干の違いがある。

## 🖾 模倣体操

・指の曲げ伸ばしをする。

・ひざの屈伸をする。

・伸脚、前後屈をする。

・上半身を大きく回したり、首を前後左右に動かしたりする。

## 🔷 連続運動

3つのコースが用意され、3人同時に行う。自分の順番が来るまで自分のマークがついた場所で座って待つ。

Ⓐ青い四角に立つ→スタートの合図で走る→青いコーンで曲がる→赤いコーンを回ったらスキップで赤い四角まで戻り、気をつけの姿勢で待つ。

Ⓑ青い四角で長座をする→スタートの合図で立ち上がり走る→青いコーンで曲がる→赤いコーンを回ったら横向きのギャロップで赤い四角まで戻り、気をつけの姿勢で待つ。

Ⓒ青い四角でうつぶせになる→スタートの合図で立ち上がり走る→青いコーンで曲がる→赤いコーンを回ったら、両手を頭上で打ち合わせながら横向きのギャロップで赤い四角まで戻り、気をつけの姿勢で待つ。

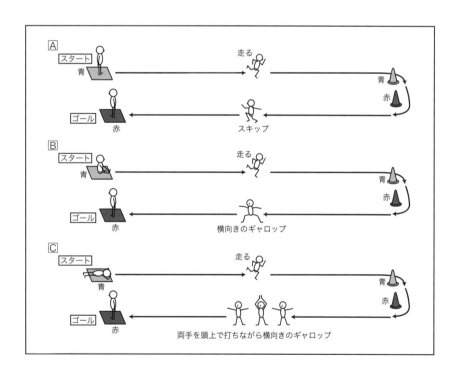

## 🔷 イモムシゴロゴロ・バランス・両足跳び

ゾウ、クマ、ウサギの印のあるところに3列に分かれて並び、2枚つなげたマットの上で行う。

2023
2022
2021
2020
2019
2018
2017
2016
2015
2014

・イモムシゴロゴロ…横転して進み、マットのつなぎ目で体の向きを変える。
・クマ歩き…クマ歩きで進む。
・クモ歩き…クモ歩きで進む。
・ウサギジャンプ…両手で耳を作ったり、ひじを曲げた腕を前後に振りながら大きく跳んだり、ジグザグに跳んだりしながら進む。

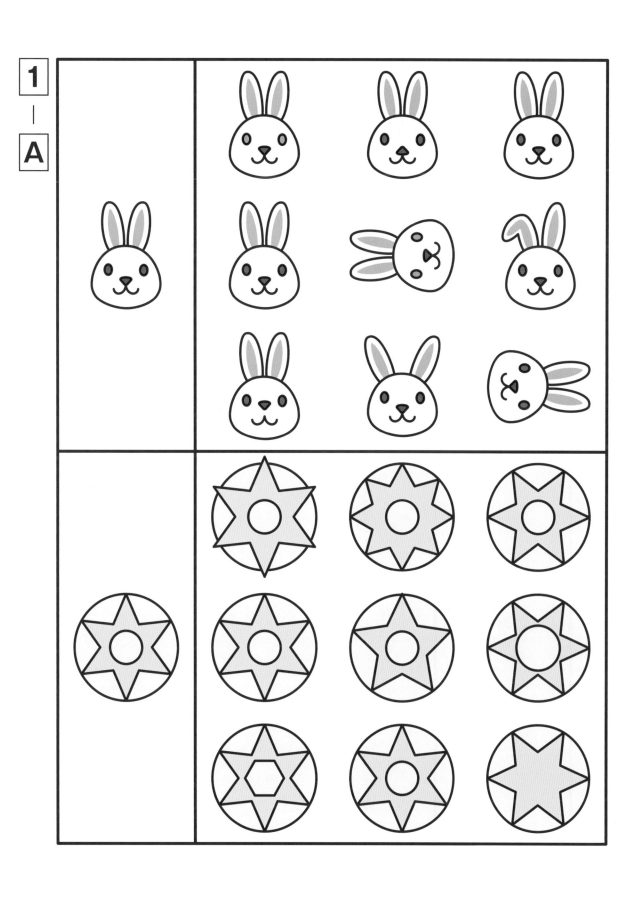

**1**

**B**

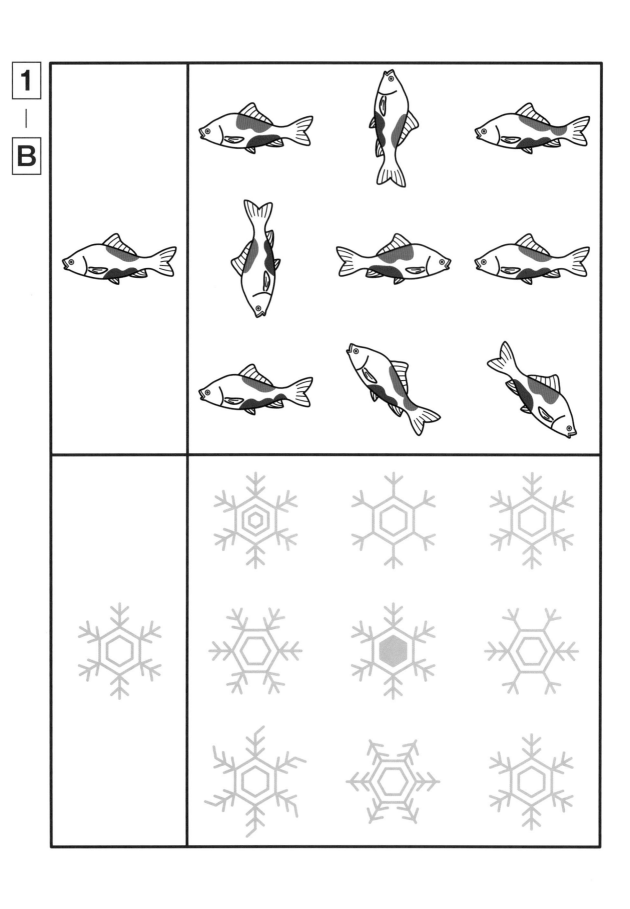

**2**
**—**
**A**

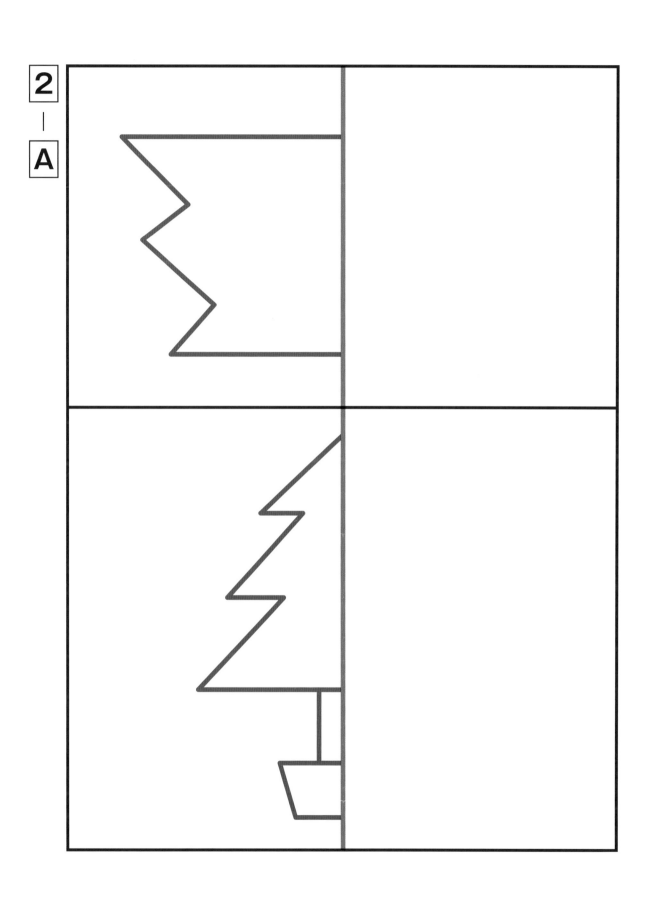

2023
2022
2021
2020
2019
2018
2017
2016
2015
2014

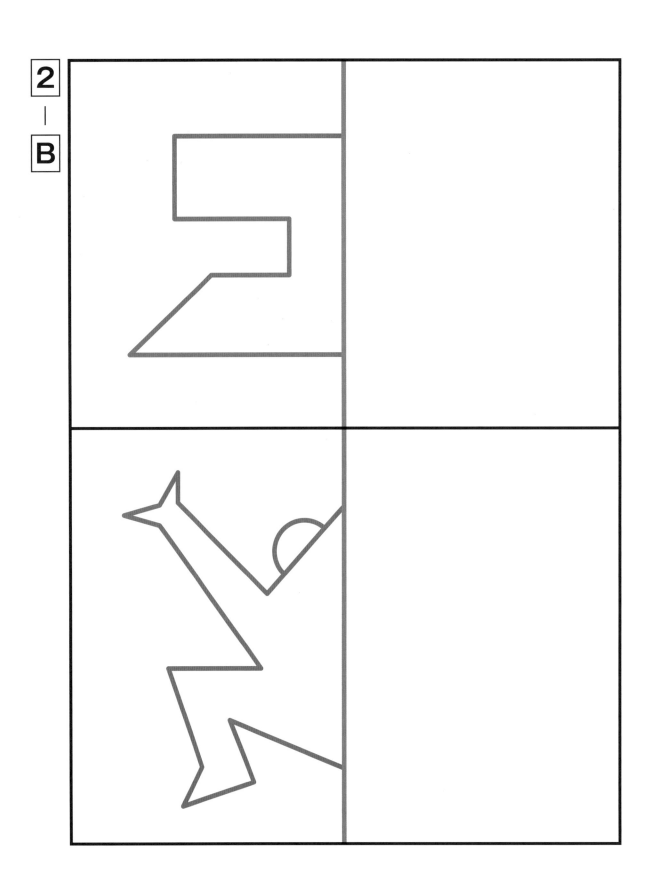

## 3

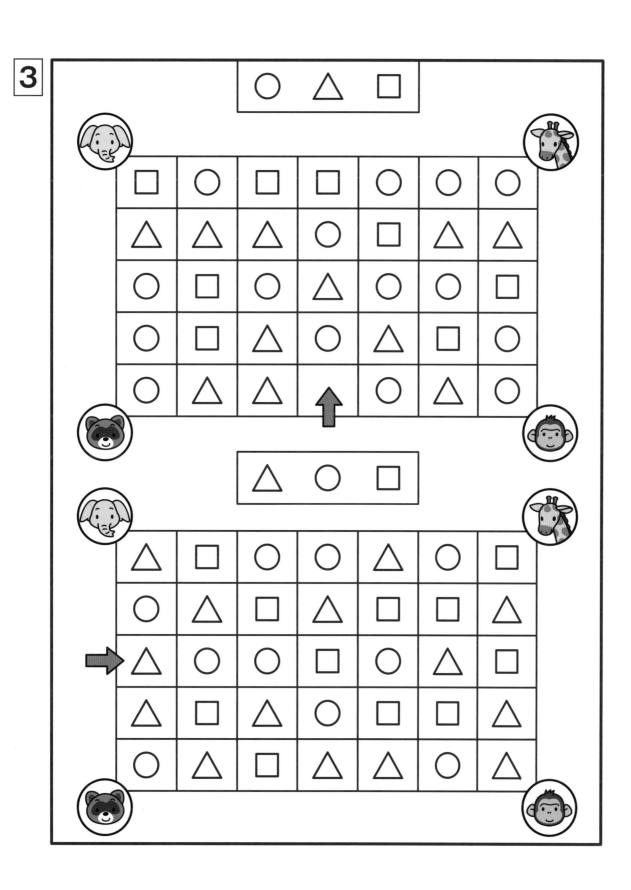

**3**

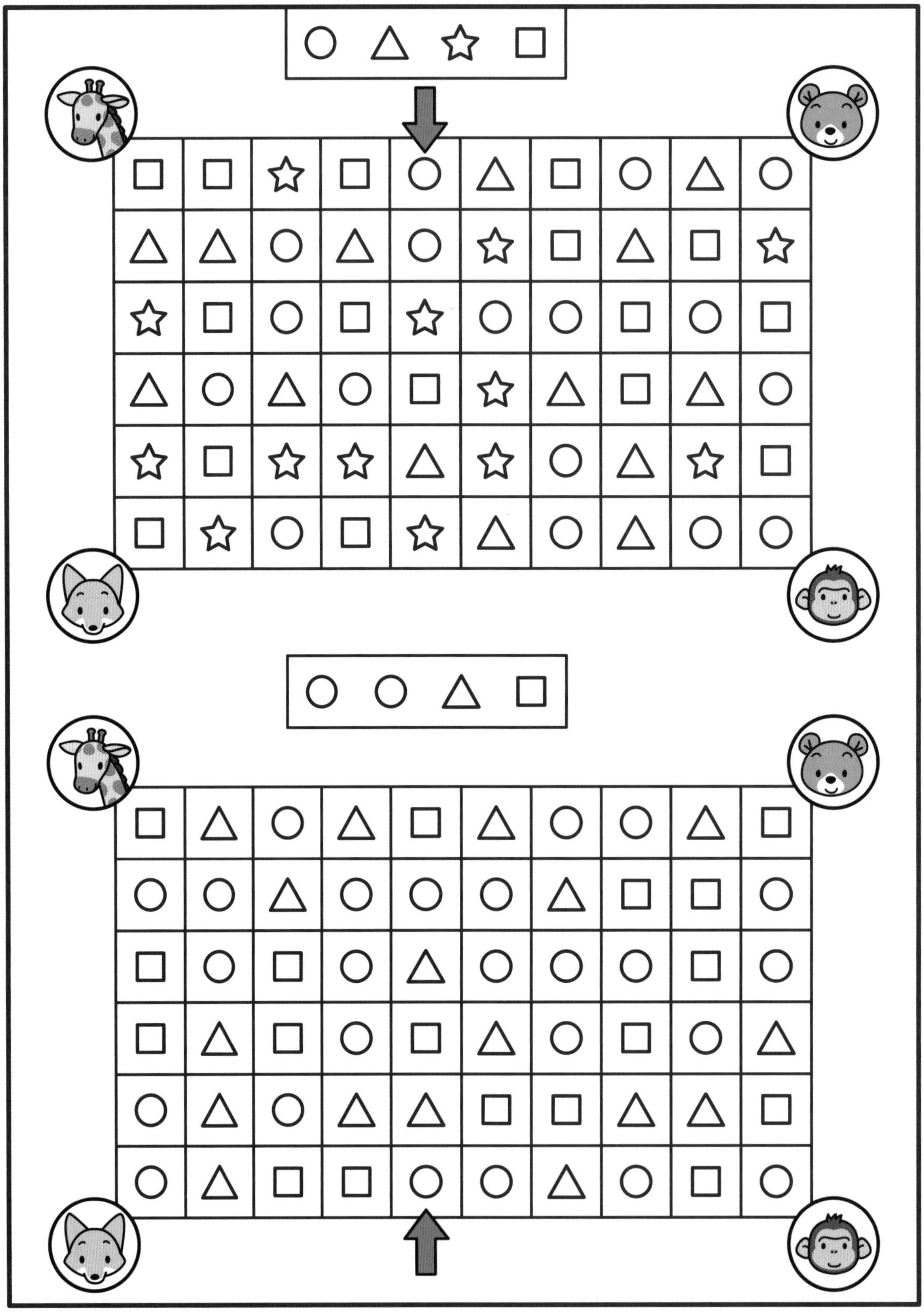

| ○ | △ | ☆ | □ |
|---|---|---|---|

↓

| □ | □ | ☆ | □ | ○ | △ | □ | ○ | △ | ○ |
|---|---|---|---|---|---|---|---|---|---|
| △ | △ | ○ | △ | ○ | ☆ | □ | △ | □ | ☆ |
| ☆ | □ | ○ | □ | ☆ | ○ | ○ | □ | ○ | □ |
| △ | ○ | △ | ○ | □ | ☆ | △ | □ | △ | ○ |
| ☆ | □ | ☆ | ☆ | △ | ☆ | ○ | △ | ☆ | □ |
| □ | ☆ | ○ | □ | ☆ | △ | ○ | △ | ○ | ○ |

| ○ | ○ | △ | □ |
|---|---|---|---|

| □ | △ | ○ | △ | □ | △ | ○ | ○ | △ | □ |
|---|---|---|---|---|---|---|---|---|---|
| ○ | ○ | △ | ○ | ○ | ○ | △ | □ | □ | ○ |
| □ | ○ | □ | ○ | △ | ○ | ○ | ○ | □ | ○ |
| □ | △ | □ | ○ | □ | △ | ○ | □ | ○ | △ |
| ○ | △ | ○ | △ | △ | □ | □ | △ | △ | □ |
| ○ | △ | □ | □ | ○ | ○ | △ | ○ | □ | ○ |

↑

**4**

**6 - A**

**7**

**B**

# section 2018 慶應義塾横浜初等部入試問題

## ■ 選抜方法

| 第一次 | 考査は1日で、女子から先に月齢別のグループに分かれ、年少者グループからペーパーテストを行う。男子約280人、女子約180人の計約460人を選出。所要時間は約40分。 |
|---|---|
| 第二次 | 第一次合格者を対象に4日間のうち1日を指定される。第二次は男子から先に月齢別のグループに分かれ、年少者グループから約20人単位で集団テストと運動テストを行う。男子66人、女子42人を選出。所要時間は約1時間40分。 |

### 考査：第一次

## ■ ペーパーテスト

筆記用具は赤のクーピーペンとクレヨン3色(青、赤、黒)を使用し、訂正方法は×(バツ印)。出題方法は口頭と音声。

※男女やグループによって問題が異なる。

### 1 話の記憶

(男子)

教室の前のスクリーンに映っている画像を見ながらお話を聞く。

「ある夏の日、いちろう君とお父さんは車に乗って川に出かけました。天気がよく、お日様の光が川の水に映ってとてもきれいです。お父さんは道具を出すと、さっそく釣りを始めました。いちろう君もお父さんをまねて釣りを始めましたが、なかなか釣れません。そこでいちろう君は、川原で丸い石や、変わった形の石を集めて遊び始めました。石を集めていると、チョコチョコ動くカニや、キラキラ光る魚を見つけました。触ってみようかと思いましたが、やっぱり少し怖くて触れませんでした。小さなカエルを見つけたときに近づいて触ってみると、カエルはピョンと跳んで素早く逃げていってしまいました。そのうちにお父さんの『魚が釣れたぞ〜』という声がしたので、お父さんのところへ戻りました。お昼ごはんにはお父さんが釣った魚を焼いて食べ、お母さんが作ってくれたおにぎりも食べました。丸かじりして食べた魚は、とてもおいしく感じられました。お母さんの好きなトウモロコシをお土産に買って、車に乗って帰りました。いっぱい遊んで疲れたいちろう君は、車の中でぐっすり眠ってしまいました」

・川に遊びに行ったのは誰でしたか。お話に合う絵に青で○をつけましょう。
・お話に合ういちろう君の川遊びの様子に、赤で○をつけましょう。
・いちろう君がお昼ごはんに食べたものに青、お土産に持って帰ったものに赤で○をつけ

ましょう。

・いちろう君が触った生き物は何でしたか。黒で○をつけましょう。

2 話の記憶

（女子）

「夏休みに、はなこさんとお兄さんのたろう君はお父さんと一緒に車に乗り、遠くに住んでいるおばあさんのお家へ遊びに行きました。おばあさんのお家に着くと、たろう君はさっそく虫捕り網を持ってお家の裏にある林へ走っていきました。はなこさんはお家の近くを散歩しました。お家のすぐ前には田んぼが広がっていて、とても気持ちのよい風が吹いていました。イネが風に揺れている様子を眺めていると、はなこさんの腕にトンボがとまりました。ゆっくり羽を動かしているのを見て、指先でツンと触ってみたら、トンボは空へ飛んで行ってしまいました。お昼になると、たろう君が虫カゴにクワガタムシ、セミ、カブトムシを入れて大喜びで帰ってきました。お昼ごはんは、はなこさんがお家から持ってきたサンドイッチと、おばあさんが茹でてくれたトウモロコシを食べました。はなこさんはトウモロコシを食べながら、今まで食べた中で一番甘くておいしいな、と思いました。たくさん遊んでから、帰りにお母さんの好きなスイカをお土産にもらって帰りました」

・おばあさんのお家に遊びに行ったのは誰でしたか。お話に合う絵に青で○をつけましょう。

・はなこさんはどこに散歩に出かけましたか。赤で○をつけましょう。

・はなこさんがお昼ごはんに食べたものに青、お土産にもらって帰ったものに赤で○をつけましょう。

・はなこさんが触った生き物は何でしたか。黒で○をつけましょう。

3 常識（生活）

（男子）

・洗濯に使うものに青で○をつけましょう。

・料理に使うものに赤で○をつけましょう。

・音を鳴らすものに黒で○をつけましょう。

4 常識（生活）

（女子）

・雨の日に使うものに青で○をつけましょう。

・ものを切るときに使うものに赤で○をつけましょう。

・掃除に使うものに黒で○をつけましょう。

## 5 系列完成

・サルからキリンまで、印が決まりよく並んでいます。空いているところに入る印を赤の
クーピーペンでかきましょう。間違えたらすぐ下にかき直してください。

## 6 推理・思考（絵の順番）

（男子）

青のクレヨンを使うよう指示がある。

・それぞれの段の絵をお話の順番になるように並べ替えたとき、1番目になる絵に○、3
番目になる絵に◎をつけましょう。

## 7 推理・思考（絵の順番）

（女子）

青のクレヨンを使うよう指示がある。

・それぞれの段の絵をお話の順番になるように並べ替えたとき、1番目になる絵に○、3
番目になる絵に◎をつけましょう。

## 8 常識（交通道徳）・話の理解

（男子）

・青い四角です。正しいことを言っている動物の顔に青で○をつけましょう。「バス停に
バスが来て、もうすぐ出発するところです。ネズミさんが『もうすぐバスが出るから、
バスの後ろでなら遊んでいいよね』と言いました。パンダさんが『バスの前だろうと後
ろだろうと、道路で遊ぶのはよくないよ』と言いました。クマさんが『道路を渡って向
こう側へ行きたいけどバスが止まっているから前を横切ってもだいじょうぶだよ』と言
いました。キツネさんが『バスの前を横切らず、横断歩道を渡る方がいいよ』と言いま
した」

・赤い四角です。正しいことを言っている動物の顔に赤で○をつけましょう。「横断歩道
の様子です。ライオンさんが『信号がチカチカしているから待っていよう』と言いまし
た。イヌさんが『もうすぐ赤になるけど走れば平気だよ』と言いました。タヌキさんが
『赤信号は長いから本を読んで待つのがいいね』と言いました。ウシさんが『手を挙げ
ても、横断歩道からそれないようにしなくちゃ』と言いました」

・黒い四角の絵を見ましょう。正しいことを言っている動物の顔に黒で○をつけましょう。
「子どもたちが横に広がって道を歩いています。クマさんが『後ろや前に人がいるから
端に寄った方がいいよ』と言いました。ネコさんが『みんなで話すと楽しいから、端に
寄らなくたっていいよ』と言いました。リスさんが『追い越したければ車道に出て追い
越せばいいよ』と言いました。キツネさんが『車道に出るのは危ないよ』と言いました」

9 常識・話の理解

（女子）

・青い四角です。正しいことを言っている動物の顔に青で○をつけましょう。「魚が嫌いな男の子と、魚が好きな女の子がごはんを食べています。ネコさんが『男の子はお魚を残してもいいんじゃない？』と言いました。クマさんが『嫌いでも頑張って食べればいいことあるよ』と言いました。ウサギさんが『女の子がお魚好きだから、女の子に食べてもらえばいいよ』と言いました。ゾウさんが『せっかくお母さんが作ってくれたんだから、男の子が食べた方がいいよ』と言いました」

・赤い四角です。正しいことを言っている動物に赤で○をつけましょう。「男の子と女の子がごはんを食べています。ウサギさんが『ごはんのときは、本を読んじゃだめだよ』と言いました。イヌさんが『本を読むと賢くなるから、ごはんのときも読んでいいよ』と言いました。ネコさんが『男の子はこぼさないように気をつけていていいね』と言いました。キツネさんが『男の子はお茶わんをきちんと持った方がいいよね』と言いました」

・黒い四角です。正しいことを言った動物の顔に黒で○をつけましょう。「男の子と女の子がごはんを食べています。キリンさんが『男の子は姿勢が悪いね。ひじをついているからだよ』と言いました。タヌキさんが『大人になれば姿勢はよくなるから、今はそのままでだいじょうぶだよ』と言いました。ライオンさんが『女の子はお行儀よく食べているね』と言いました。パンダさんが『食べ物が大きすぎるときはおはしで突きささずに小さく分けて食べるといいよね』と言いました」

10 構成・観察力

（男子）

・上にクマのパズルがあります。下からパズルに使わないものを選んで、黒で○をつけましょう。

11 観察力（同図形発見）

（女子）

・左端の形と同じものを右側から選んで、黒で○をつけましょう。形は回っているものもあります。

**考査：第二次**

**集団テスト** ┃ 考査日、時間によって内容は異なる。

玄関で受験票を提示し、当日の内容や注意事項が書かれた印刷物を1枚もらう。控え室と

なっている教室の前でもう一度受験票を提示すると座席の番号を言われるので、その番号の席に保護者と並んで座って待つ。呼び出し時刻になったら指示通り体操服に着替え、運動靴に履き替える。移動のときの注意事項（①受験票をなくさない、②廊下を走らない、③前の人を抜かさないなど）のお話を聞く。考査会場へ入室する前に別室で番号のついたランニング型のゼッケンをつける。考査会場のいすや床には形と色別のマーク（赤、青、黄色、緑、紫の○、△、□、☆、♡など）がついており、考査は指定された自分のマークのところで行う。

## 12 制作・行動観察

ポンキーペンシル、スティックのり、セロハンテープ、はさみが各自の机の上に用意されている。机の左右に手提げ袋が下げてあり、一方は材料を持ち運ぶときに、一方はゴミ袋として使う。材料は各自に用意され、男女各グループで個人制作のテーマは異なる。

（男子）

・望遠鏡の本体を作る台紙、結び目のついたひもが用意される。台紙をはさみで切り取り、丸めてセロハンテープで留めて筒にして望遠鏡にする。首から下げられるように、結び目のついたひもをセロハンテープで留める。時間があったら模様を描いてもよい。

・カメラの本体にする箱、レンズを作る台紙、結び目のついたリボンが用意される。台紙をはさみで切り取り、丸めて筒にしてセロハンテープで留めてレンズにする。レンズをカメラの本体にする箱にセロハンテープで留める。首から下げられるように、結び目のついたリボンをセロハンテープで留める。時間があったら模様を描いてもよい。

・水筒の本体にする缶、長方形が書かれた台紙、丸がかかれた台紙、結び目のついたひもが用意される。長方形が書かれた台紙をはさみで切り取り、缶に巻きつけてセロハンテープで留める。丸の台紙をはさみで切り取り、ふたになるよう缶の上面にセロハンテープで貼りつける。首から下げられるように、結び目のついたひもをセロハンテープで留める。時間があったら模様を描いてもよい。

・新聞紙、白い紙、長方形のかかれた台紙、お弁当箱にする箱、クレヨンが用意される。新聞紙を丸めて白い紙で包み、おにぎりにする。台紙の長方形を黒く塗り、はさみで切り取ってのりにし、おにぎりに巻いて貼りつける。余った紙で自由におかずを作り、箱に入れてお弁当を作る。

（女子）

・丸がかかれた台紙、割りばしが用意される。台紙の丸をはさみで切り取り、自由に模様を描く。描き終わったら割りばしをセロハンテープで留めてうちわにする。

・女の子の顔と髪の輪郭が描かれた台紙、お面用のバンドが用意される。台紙の顔と髪の輪郭に合わせて自由に顔を描いて髪を塗り、周りをはさみで切り取る。バンドをセロハ

ンテープで貼りつけてお面にする。
・太鼓の本体にする箱、丸がかかれた台紙２枚、結び目のついたひも、割りばしが用意される。台紙の丸を２枚ともはさみで切り取り、箱の表と裏に１枚ずつスティックのりで貼りつけて太鼓にする。首から下げられるように、結び目のついたひもをセロハンテープで留める。時間があったら模様を描いてもよい。割りばしは太鼓のばちにする。

### 13 共同制作・行動観察

約５人ずつのグループに分かれて行う。

（男子）
厚紙をつなげて作った大きな外枠、飾りつけ用の材料として紙皿、折り紙、ヨーグルトやプリンのカップなどが用意されている。グループごとにみんなで協力して、外枠をバスに見立てて飾りつけをする。できあがったら、各自個人制作で作ったものを持ってバスの中に入り、遠足ごっこをする。

（女子）
段ボール箱と筒で作られたおみこし、飾りつけ用の材料として折り紙、紙皿、ヨーグルトやプリンのカップなどが用意されている。みんなで相談し、おみこしに飾りをつける。２グループごとにおみこしを担ぐグループと応援するグループに分かれて、各自個人制作で作ったものを持ち寄りお祭りごっこをする。

## 運動テスト
男女やグループによって内容に若干の違いがある。

### 模倣体操

・「１～４」で右へ２歩進んで足を揃え、「５～８」で手を前に出して振りキラキラさせる。左へも同様に行い元の場所へ戻る。
・体側を伸ばす。
・両足を肩幅に開いて立つ。両手を広げて、上半身をねじりながら前に倒して、２呼間ずつ右手で左ひざ、左手で右ひざにタッチする。
・その場でグーパージャンプ、チョキチョキジャンプをする。
・飛行機バランスをする。

### 身体表現

・イルカ、タコ、クラゲ、ヘビ、ウサギなどの生き物になって体を動かす。
・好きな生き物になって自由に動く。「それは何ですか」と質問されることもある。

・テスターがライオンやサメになって襲うまねをし、子どもたちが逃げる。「戻りましょう」と言われたら自分のマークに戻る。

## 連続運動

3つのコースが用意され、3人同時に行う。自分の順番が来るまで自分のマークがついたいすに座って待つ。

・青い四角の上に立つ→スタートの合図で走り、コーンを回って折り返す→マットの上で横転→2列に並べられたゴム製のディスクの上をクマ歩きで進む→フープの中で3回ジャンプしてから立ち幅跳びのように遠くへ跳び出る（90度ずつ回りながら4回ジャンプした後に立ち幅跳びをするなど、グループにより指示が異なる）→ロケットのように羽根のついた棒をやり投げのように3本投げる→走って（ケンケンで、ギャロップでなど、グループにより指示が異なる）ゴールの赤い四角に戻り、好きなポーズをとる。

## 集団ゲーム（段ボール箱運びリレー）

・5人ずつのチームで競争する。各チームごとに2人組になり、決められた場所に用意されているさまざまな形、大きさの段ボール箱をリレー形式で運ぶ。運んだ段ボール箱を積み上げていき、一番高く積んだチームの勝ち。一度行ってから相談の時間が設けられ、その後もう一度競争する。段ボール箱を新聞紙に載せて運ぶ、棒2本を使って運ぶ、2人がそれぞれ両側から片手で箱を押さえて運ぶなど、運び方はグループにより指示が異なる。

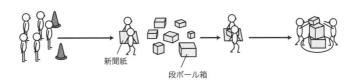

**2**

**4**

**5**

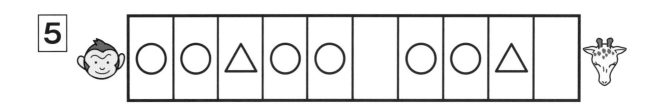

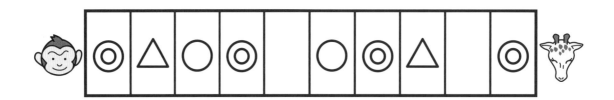

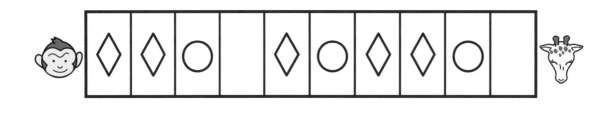

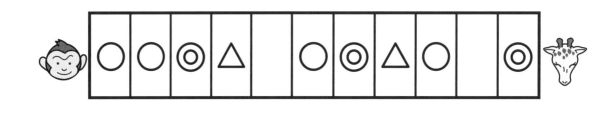

**6**

10

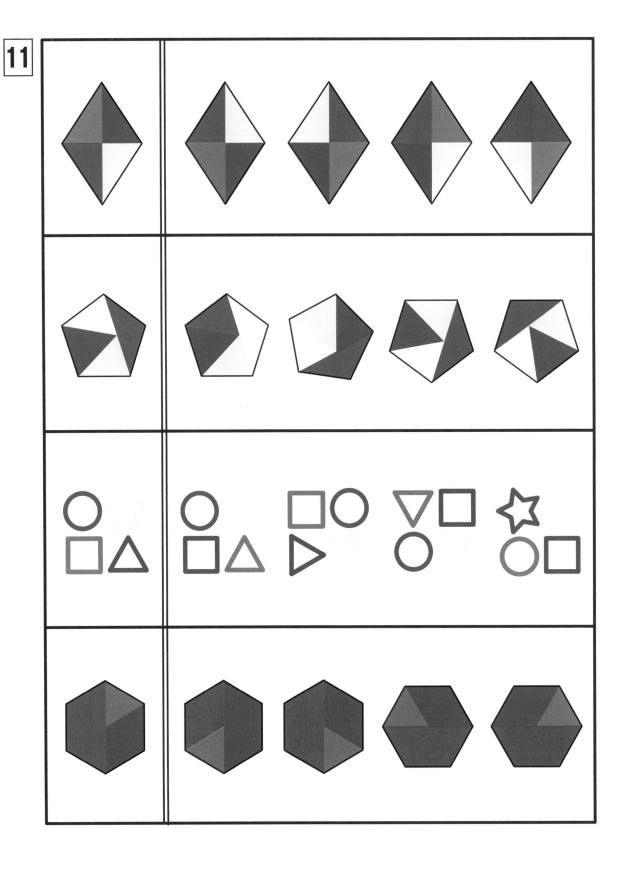

**12**

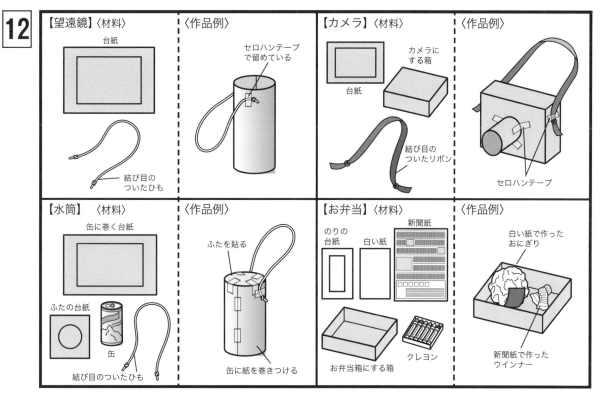

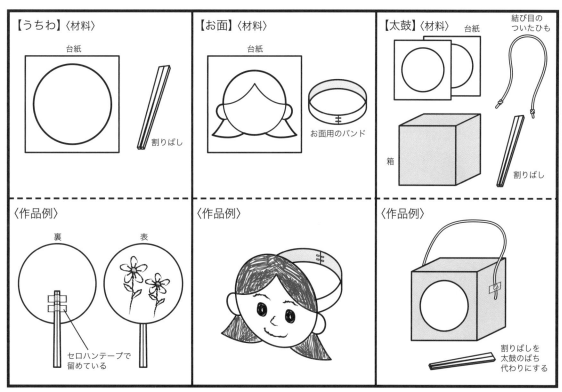

**13**

【制作しているところ】 【遊んでいるところ】

プリンのカップ
折り紙
紙皿

【制作しているところ】 【遊んでいるところ】

プリンのカップ
折り紙を貼った星
紙皿
折り紙の花

# 2017 慶應義塾横浜初等部入試問題

## ■ 選抜方法

| 第一次 | 考査は1日で、女子から先に月齢別のグループに分かれ、年少者グループからペーパーテストを行う。男子280人、女子180人の計460人を選出。所要時間は約50分。 |
|---|---|
| 第二次 | 第一次合格者を対象に4日間のうち1日を指定される。第二次は男子から先に月齢別のグループに分かれ、年少者グループから約20人単位で集団テストと運動テストを行う。男子66人、女子42人を選出。所要時間は約1時間40分。 |

### 考査：第一次

| ペーパーテスト | 筆記用具はクレヨン6色（青、赤、黒、緑、茶色、ピンク）を使用し、訂正方法は×（バツ印）。出題方法は口頭とCD。一部、教室前方のスクリーンに映される映像を見て解答するものもある。 |
|---|---|

※男女やグループによって問題が異なる。

## 1 話の記憶

教室前方のスクリーンに映っている画像を見ながらお話を聞く。

「たろう君は幼稚園の遠足で、動物園に行きました。入口の門の前には大きな噴水があります。噴水の左側を通って、初めにキリンを見に行きました。思ったよりもとても背が高くてたろう君はびっくりしました。その次に見たのはカメです。池の中のカメが2匹、頭と頭をぶつけて押し合っている様子がとても面白くて、お友達と思わず笑ってしまいました。その次に、カバ、サイを見て、赤い屋根のお家の前でみんなでお弁当を食べました。おなかがペコペコだったのであっという間に食べてしまいました。最後に、ワニやフラミンゴがいる大きな池の真ん中の橋を渡って、門の前に戻ってきました。ワニのいる池の橋を渡るのは少し怖かったけど、勇気を出してきちんと渡ることができました。たくさん歩いて、たくさん笑ったとても楽しい1日でした」

・動物園の絵がありますね。たろう君は動物園の中をどのように歩いていきましたか。下の入り口のところから通った順に黒で線をかきましょう。
・たろう君がお弁当を食べた場所はどこでしたか。その場所に赤で○をつけましょう。
・青い四角のところにいた生き物は何ですか。下の左端の四角の中から選んで青で○をつけましょう。
・動物園の中でたろう君が見なかった動物はどれですか。下の真ん中の四角の中から選ん

で茶色で○をつけましょう。

- たろう君たちはカメを見て笑っていましたね。カメはどんな様子でしたか。合う絵を右端の四角から選んで緑で○をつけましょう。

## ② 数　量

（男子）

上の絵を見ましょう。牧場にいろいろな動物がいますね。

- ウマの数だけ、ウマの絵の下の四角に赤で○をかきましょう。
- ヒツジの数だけ、ヒツジの絵の下の四角に黒で○をかきましょう。
- ウシとウマの数はいくつ違いますか。その数だけウシの絵の下の四角に茶色で○をかきましょう。
- ヤギとヒツジの数はいくつ違いますか。その数だけヤギの絵の下の四角にピンクで○をかきましょう。

## ③ 数　量

（女子）

上の絵を見ましょう。水槽にいろいろな生き物がいますね。

- キンギョの数だけ、キンギョの絵の下の四角に赤で○をかきましょう。
- メダカの数だけ、メダカの絵の下の四角に黒で○をかきましょう。
- キンギョとドジョウの数はいくつ違いますか。その数だけドジョウの絵の下の四角に茶色で○をかきましょう。
- メダカとザリガニの数はいくつ違いますか。その数だけザリガニの絵の下の四角にピンクで○をかきましょう。

## ④ 数量（すごろく）

- 子どもがすごろく遊びをしています。今いるところから、黒のサイコロのときはその目の数だけ向いている方向に進み、白のサイコロのときはその目の数だけ後ろに戻るお約束です。それぞれの段で、子どもがサイコロを振って上のサイコロの目が左から順番に出たとき、最後に止まった場所に黒で○をつけましょう。

## ⑤ 推理・思考（回転図形）

（男子）

- 左端のお手本の絵を何回かコトンと倒した様子が右にかいてあります。正しいものを選んで青で○をつけましょう。

## ⑥ 推理・思考

（女子）

・左端のブロックの飛び出しているところを押して、きれいな四角の形になるようにそろえるとどうなりますか。正しいものを右から選んで赤で○をつけましょう。

## 7 推理・思考（四方図）

（男子）

・（上の絵のようにサイコロ形の積み木を積んだものが机の上に用意されている。積み木の1つの面だけに色がついている）机の上の7個の積み木をいろいろな方向から見た形が下の四角の中に描いてあります。この中から正しいものを選んで青で○をつけましょう。

## 8 推理・思考

（女子）

・（上の絵のようにサイコロ形の積み木がいくつかつながったものと、同じサイコロ形の積み木1つが机の上に用意されている）机の上の積み木にサイコロの形の積み木をもう1つくっつけてできるものを、下の四角から探して青で○をつけましょう（実際にやって確認してもよい）。

## 9 推理・思考・常識

（男子）

・前にあるスクリーンに、野菜を切った様子の写真が映ります。それを見て、下の野菜の中でどれをどのように切ったかを考えて、切った線の端にある四角に黒で○をかきましょう。2回切ったものもありますよ。

## 10 推理・思考・常識

（女子）

・前にあるスクリーンに、果物を切った様子の写真が映ります。それを見て、下の果物の中でどれをどのように切ったかを考えて、切った線の端にある四角に黒で○をかきましょう。2回切ったものもありますよ。

<br>

**考査：第二次**

**集団テスト** 　考査日、時間によって内容は異なる。

玄関で受験票を提示し、当日の内容や注意事項が書かれた印刷物を1枚もらう。控え室となっている教室前でもう一度受験票を提示すると座席の番号を言われるので、その番号の

席に保護者と並んで座って待つ。呼び出し時刻になったら指示通り体操服に着替え、運動靴に履き替える。約10分後、受験票を持って並び、移動のときの注意事項（①受験票をなくさない、②廊下を走らない、③前の人を抜かさないなど）のお話を聞く。考査会場へ入室する前に別室で番号のついたランニング型のゼッケンをつける。考査会場のいすには形と色別のマーク（赤、緑、黄色、紫の○、△、□、☆、♡など）がついており、考査は指定された自分のマークのところで行う。

## 11 制作・行動観察

クレヨン、スティックのり、セロハンテープ、はさみが各自の机の上に用意されている。材料として画用紙、折り紙、ストロー、お花紙、モールなどが教室内の1ヵ所にまとめて置いてある。机の左右に手提げ袋が下げてあり、一方は材料を持ち運ぶときに、一方はゴミ袋として使う。作業に入る前に、テスターのお話を聞く。

（男子）

Ａあらかじめタイヤがついている板に他の材料で自由に飾りつけをして、自分だけの車を作る。作った車を使って、グループに分かれてうちわであおいでレース遊びをする。

Ｂ伏せた紙皿の上にペットボトルを立てたものに他の材料で自由に飾りつけをして、輪投げの的を作る。作った的を使って、自由に輪投げ遊びをする。

Ｃトイレットペーパーの芯に他の材料で自由に飾りつけをして、飛ぶものを作る。台の上に乗り発射用の道具を使って、作ったものを飛ばしてカゴに入れる遊びをする。グループにより、どのカゴに向かって発射するのかお約束がある。

・用意されている材料を自由に使って、好きな動物を作る。作った動物を使って、動物とそれを見るお客さんのグループに分かれて動物園ごっこをする。

（女子）

Ｄピンクの紙のベストの両面に自由に他の材料で飾りつけをしてドレスを作る。作ったドレスを着て、「A Whole New World」の曲に合わせて自由に踊る。途中で各自に布が1枚渡され、布を使って自由に踊る。

Ｅ頭にかぶれる大きさの紙の帽子（かぶとのような形）に自由に他の材料で飾りつけをして、動物の帽子を作る。グループごとに、作った帽子が何の動物かを当てるジェスチャークイズをしてから、遊び方を自由に決めて遊ぶ。

・用意されている材料を自由に使って、お弁当箱に入れるおかずを作る。作ったおかずを売る人とお弁当箱を持っておかずを買いにくる人に分かれて、お買い物ごっこをして遊ぶ。

## 言　語

制作や行動観察の間に、テスターたちから質問される。質問が発展することもある。

・何を作っていますか。

・どうしてそれを作ろうと思ったのですか。

・どのようにして遊んでいますか。

## 運動テスト | 男女やグループによって内容に若干の違いがある。

## 指の屈伸

・指をグーチョキパーの順に素早く動かす。

・１から10まで数えながら、親指から順に１本ずつ折った後、小指から開いていく。

## 模倣体操

・音楽に合わせてその場で足踏みとジャンプをする。

・「グー」でしゃがみ、「パー」で体を大きく広げてジャンプする。くり返し行う。

・片腕を大きく振り上げ、反対側に倒し、脇を伸ばす。左右ともに行う。

## ケンケン

右足ケンケンで右に４つ移動、左足ケンケンで左に４つ移動する。

## バランス

音楽に合わせて、その場で片足バランス、飛行機バランスをする。

## リズム・身体表現

音楽に合わせて、カクカク動いたり、クネクネ動いたりする（お手本はなく自由に表現する）。

## 12 連続運動

３つのコースが用意され、３人同時に行う。自分の順番が来るまで自分のマークがついたいすに座って待つ。

（男子）

Ⓐ青い（または赤い）四角の上に立つ→スタートの合図で走りコーンの周りを回る→坂に
なった平均台を渡り、約70cmの高さから飛び降りる→ラダーの中を両足跳びで3歩進
んで1歩戻る動き（グーグーグーパーやジグザグ跳びなど指示はグループにより異なる）
をくり返して進む→コーンに棒が渡された低いハードルの下を3本連続でワニ歩きでく
ぐる→新聞紙を細長く丸めて作られた棒を、壁に向かってやり投げのように3本投げる
→ゴールの赤い（または青い）四角まで走り、進行方向を向いて気をつけの姿勢で待つ。

（女子）

Ⓑ青い（または赤い）四角の上に立つ→スタートの合図で走りコーンの周りを回る→坂に
なった平均台を渡り、約70cmの高さから飛び降りる→ラダーの中を両足跳びで3歩進
んで1歩戻る動き（グーグーグーパーやジグザグ跳びなど指示はグループにより異なる）
をくり返して進む→コーンに棒が渡された低いハードルの下を3本連続でワニ歩きでく
ぐる→スキップでマットまで進む→マットの上で前転（ブリッジを3秒間するなど指示
はグループにより異なる）→ゴールの赤い（または青い）四角まで走り、進行方向を向
いて気をつけの姿勢で待つ。

13 リレー

約5人で1チームになり競争をする。

Ⓐカエル跳びでコーンまで進み、クマ歩きで戻ってくる。

・2人1組になり、広げた新聞紙にドッジボールを載せて運び、コーンを回って戻ってく
る。

・コーンまでクマ歩きで進み、クモ歩きで戻ってくる。

・ぞうきんがけをしながらコーンを回って戻ってくる。

**1**

**2**

**3**

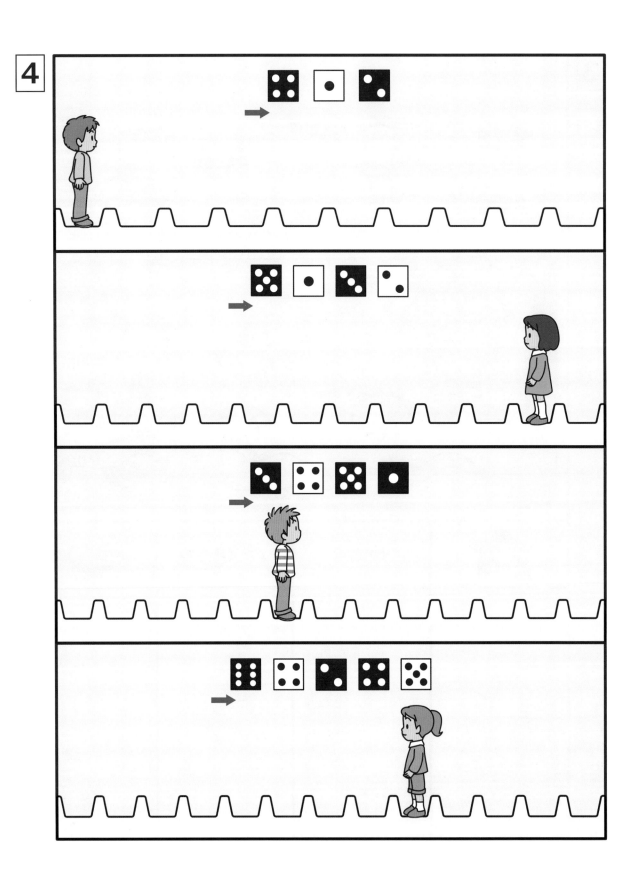

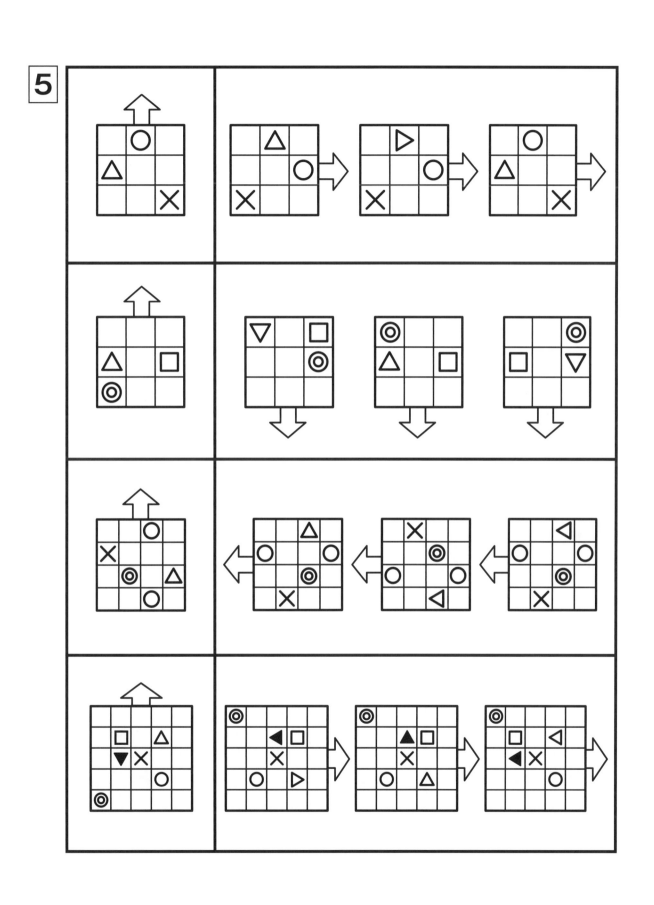

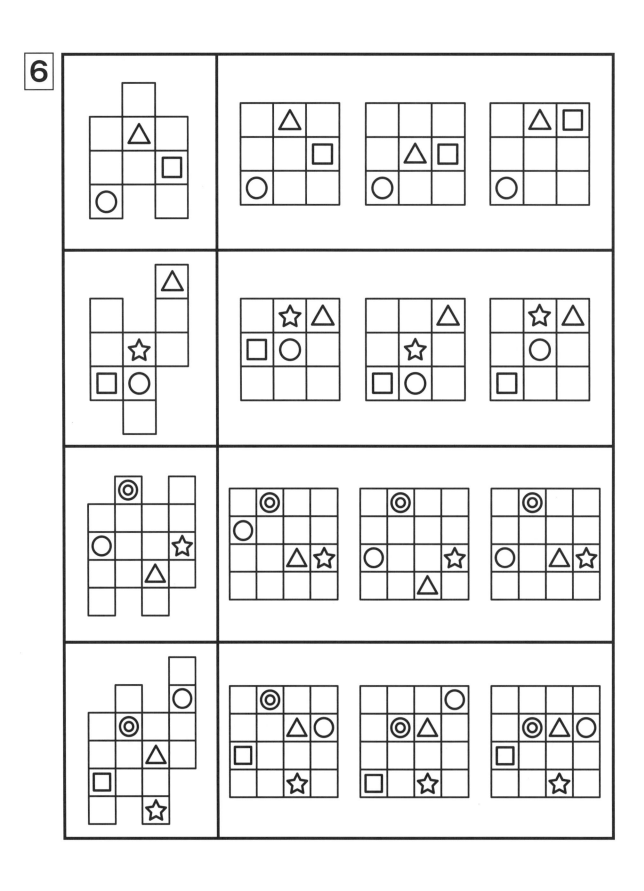

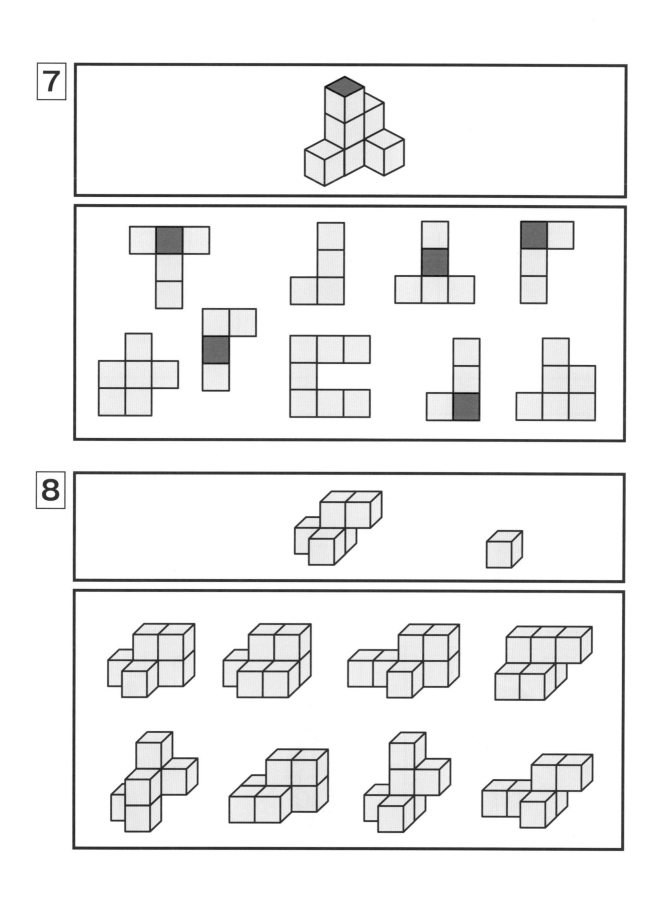

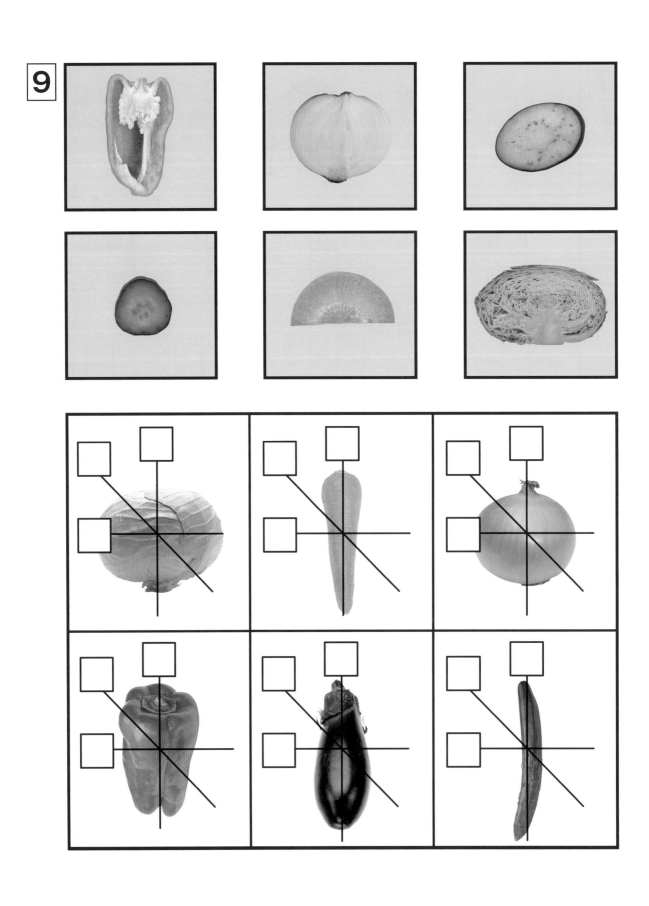

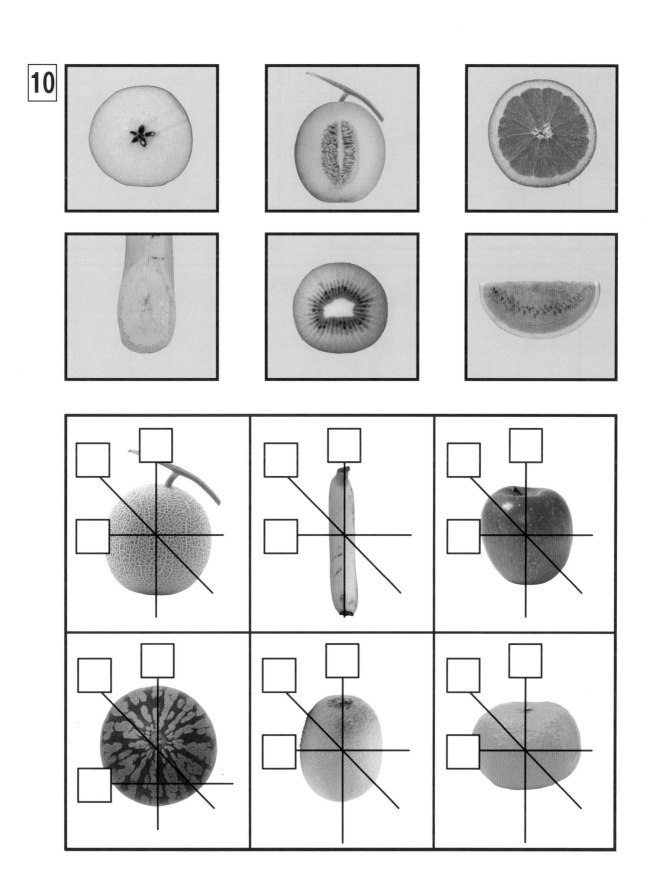

**11**
**—**
**A**

〈各自に与えられたもの〉

板にタイヤが
ついている

**B**

〈各自に与えられたもの〉

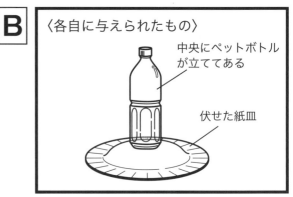

中央にペットボトル
が立ててある

伏せた紙皿

**C**

〈各自に与えられたもの〉

【飛ばし方の例】

【作品例】

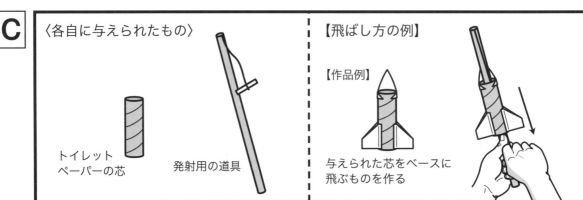

トイレット
ペーパーの芯

発射用の道具

与えられた芯をベースに
飛ぶものを作る

【遊んでいる様子】

**11 – D**

〈各自に与えられたもの〉

ピンクの
紙製のベスト

**E**

〈各自に与えられたもの〉

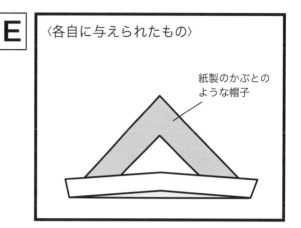

紙製のかぶとの
ような帽子

**D** 【踊っている様子】

**E** 【遊んでいる様子】

**12**

**A**

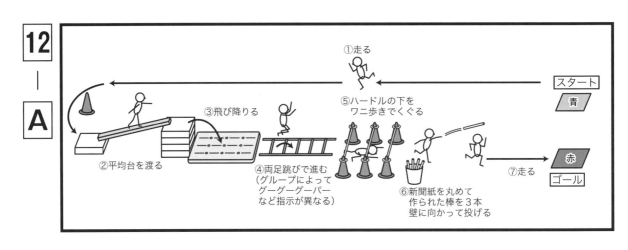

①走る

⑤ハードルの下を
ワニ歩きでくぐる

スタート
青

③飛び降りる

②平均台を渡る

④両足跳びで進む
（グループによって
グーグーグーパー
など指示が異なる）

⑥新聞紙を丸めて
作られた棒を3本
壁に向かって投げる

⑦走る

赤
ゴール

**B**

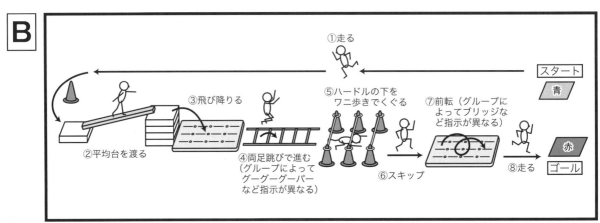

①走る

⑤ハードルの下を
ワニ歩きでくぐる

⑦前転（グループに
よってブリッジな
ど指示が異なる）

スタート
青

③飛び降りる

②平均台を渡る

④両足跳びで進む
（グループによって
グーグーグーパー
など指示が異なる）

⑥スキップ

⑧走る

赤
ゴール

**13**

**A**

①カエル跳びで
コーンまで進む

②コーンからは
クマ歩きで戻る

# section 2016 慶應義塾横浜初等部入試問題

## ■ 選抜方法

| 第一次 | 考査は1日で、女子から先に月齢別のグループに分かれ、年少者グループからペーパーテストを行う。男子280人、女子180人の計460人を選出。所要時間は約50分。 |
| --- | --- |
| 第二次 | 第一次合格者を対象に4日間のうち1日を指定される。第二次は男子から先に月齢別のグループに分かれ、年少者グループから約20人単位で集団テストと運動テストを行う。男子66人、女子42人を選出。所要時間は約1時間40分。 |

### 考査：第一次

### ■ ペーパーテスト
筆記用具は赤のクーピーペンとクレヨン6色（青、赤、黒、緑、茶色、ピンク）を使用し、訂正方法は×（バツ印）。出題方法は常識のみCD、そのほかは口頭。

※男女やグループによって問題が異なる。

## 1 話の記憶

（男子）

プリントを見ながらお話を聞く。

「ひろし君とお兄さんは家族で海水浴に行きました。ひろし君は半ズボンをはき、しましまの半袖シャツを着て麦わら帽子をかぶりました。お兄さんは長ズボンをはき、しましまの半袖シャツを着てお父さんの運転する車で出かけました。ひろし君は海に行くのをとても楽しみにしていて『僕はヨットに乗りたい』と話しています。『僕は海でいっぱい泳ぐんだ』とお兄さんも元気いっぱいです。海に着いてさっそくひろし君が乗りたがっていたヨットに乗ろうとしましたが、波が高くて乗れずがっかりしました。お兄さんが『じゃあ砂でお城を作って遊ぼう』と誘って、2人は大きな砂のお城を作ることにしました。きょうだいで力を合わせて、強くて立派な砂のお城を作ることができました。2人はいっぱい汗をかいたのでかき氷を食べました。ひろし君はイチゴ味、お兄さんはメロン味のシロップをたっぷりかけてもらいました。その後は波打ち際で遊んだりして、とても楽しい海水浴になりました。疲れたひろし君は帰りの車でぐっすり眠ってしまいました」

・1段目です。ひろし君とお兄さんはどのような格好で海へ出かけましたか。ひろし君に青で○、お兄さんに青で△をつけましょう。

・2段目です。ひろし君たちはどの乗り物で海へ出かけましたか。青で○をつけましょう。

・3段目です。ひろし君が海でしたかったことは何ですか。青で○をつけましょう。

・4段目です。ひろし君たちが海で食べたものは何ですか。青で○をつけましょう。

・5段目です。このお話の季節はいつでしょうか。その季節と仲よしのものに青で○をつけましょう。

## 2 話の記憶

（女子）

プリントを見ながらお話を聞く。

「ようこちゃんとお姉さんは家族で電車に乗って雪山へ遊びに行きました。ようこちゃんはコートを着てマフラーを巻き、毛糸の帽子をかぶりました。お姉さんはマフラーはしませんでしたが、コートを着て耳あてをつけて出かけました。ようこちゃんは初めての雪山をとても楽しみにしていて、電車の中で『わたしはそり遊びがしたいな』と元気に話しました。雪山に着いてさっそくそりで遊ぼうとしたのですが、そり遊びの場所がとても混んでいて遊べませんでした。残念がっているようこちゃんに、お姉さんが『じゃあ雪ダルマを作って遊ぼう』と言いました。ようこちゃんとお姉さんは2人でとても大きな雪ダルマを作り、それを見たお父さんとお母さんはとても驚きました。おなかがすいたので、みんなで大きなおもちの入ったおしるこを食べました。たくさん遊んで疲れたようこちゃんは帰りの電車でぐっすり眠ってしまいました」

・1段目です。ようこちゃんとお姉さんはどのような格好で雪山へ出かけましたか。ようこちゃんに青で○、お姉さんに青で△をつけましょう。

・2段目です。ようこちゃんたちはどの乗り物で雪山へ出かけましたか。青で○をつけましょう。

・3段目です。ようこちゃんが雪山でしたかったことは何ですか。青で○をつけましょう。

・4段目です。ようこちゃんたちが雪山で食べたものは何ですか。青で○をつけましょう。

・5段目です。このお話の季節はいつでしょうか。その季節と仲よしのものに青で○をつけましょう。

## 3 構 成

・それぞれの段の左端にある棒を全部使って作ることができる形を、右から選んで青で○をつけましょう。

## 4 推理・思考（四方図）

（女子）

・（上の絵のように机の上にお手本の積み木が積んである）机の上の積み木をいろいろな方向から見た形が下の四角の中に描いてありますが、この中にお手本をどの方向から見てもそのようには見えない形が2つあります。その形に青で○をつけましょう。

5 推理・思考（展開図）

（男子）

・（上の絵のように机の上に赤い縦線と模様がかかれた筒が置いてある）机の上の筒を手に取ってみましょう。この筒の赤い線のところを切って筒を開くと、どのようになりますか。下の四角の中から選んで青で○をつけましょう。

6 常　識

A

（女子）

音声を聴き、その音に合う絵を見つけて、指示された色のクレヨンで○をつける。
・（雷の音を聴いた後）今聴いた音は何ですか。青で○をつけましょう。
・（スズムシの鳴き声を聴いた後）今聴いた音は何ですか。赤で○をつけましょう。
・（まな板の上で包丁を使っている音を聴いた後）今聴いた音は何ですか。黒で○をつけましょう。
・（風鈴の音を聴いた後）今聴いた音は何ですか。緑で○をつけましょう。
・（ブタの鳴き声を聴いた後）今聴いた音は何ですか。茶色で○をつけましょう。
・（ニワトリの鳴き声を聴いた後）今聴いた音は何ですか。ピンクで○をつけましょう。

B

（男子）

音声を聴き、その音に合う絵を見つけて、指示された色のクレヨンで○をつける。
・（雨の音を聴いた後）今聴いた音は何ですか。青で○をつけましょう。
・（スズムシの鳴き声を聴いた後）今聴いた音は何ですか。赤で○をつけましょう。
・（まな板の上で包丁を使っている音を聴いた後）今聴いた音は何ですか。黒で○をつけましょう。
・（お寺の鐘の音を聴いた後）今聴いた音は何ですか。緑で○をつけましょう。
・（ヒツジの鳴き声を聴いた後）今聴いた音は何ですか。茶色で○をつけましょう。
・（カラスの鳴き声を聴いた後）今聴いた音は何ですか。ピンクで○をつけましょう。

7 数量（進み方）

・一番上の絵を見てください。階段に黒い服を着た男の子と白い服を着た女の子がいます。2人でジャンケンをして、勝った方は階段を2段上がり、負けた方は1段下がります。あいこのときはそのまま動きません。左上の絵の通りジャンケンをし終わった後、男の子と女の子はどこにいるでしょうか。男の子がいる段に青で○、女の子がいる段に茶色で○をつけましょう。下の3つの段も同じように○をつけてください。

8 **点図形**

・それぞれ左のお手本と同じになるように、右の絵の足りないところを赤いクーピーペンで描き足しましょう。

## 集団テスト | 考査日、時間によって内容は異なる。

玄関で受験票を提示し、当日の内容や注意事項が書かれた印刷物を1枚もらう。控え室となっている教室の前でもう一度受験票を提示すると座席の番号を言われるので、その番号の席に保護者と並んで座って待つ。呼び出し時刻になったら指示通り体操服に着替え、運動靴に履き替える。約10分後、受験票を持って並び、移動のときの注意事項（①受験票をなくさない、②廊下を走らない、③前の人を抜かさない）のお話を聞く。考査会場へ入室する前に別室で番号のついたランニング型のゼッケンをつける。考査会場のいすや床には形と色別のマーク（赤、緑、黄色、紫の○、△、□、☆、♡など）がついており、考査は指定された自分のマークのところで行う。

### 制作・行動観察

ポンキーペンシル、セロハンテープ、スティックのり、はさみが各自の机の上に用意されている。材料として紙皿、紙コップ、紙箱、画用紙などが教室内の2ヵ所にまとめて置いてある。机の左右に手提げ袋が下げてあり、一方は材料を持ち運ぶときに、もう一方はゴミ袋として使う。

（男子）

・ジャングルに探検に行くお話を聞いた後、紙コップ、紙箱、画用紙などを使って探検に行くときに持っていく道具を作る。できた道具を使ってジャングルに見立てた部屋の中で、探検ごっこや宝探しなどをして遊ぶ。

・海底探検のお話を聞いた後、紙皿、紙コップ、紙箱、ストロー、モールなどを使って海底探検に行くための頑丈な乗り物を作る。作った乗り物を使って海底に見立てた部屋の中で海底探検ごっこをする。

・怖くて面白いお話を聞いた後、紙コップ、画用紙、ストロー、折り紙などを使って人を驚かせる怖いものを作る。作ったものを持って向かい合わせに2列に並び、列の間を通るテスターを驚かせるなどして遊ぶ。

・お花紙、プラスチックカップ、折り紙、ストロー、紙皿などを使って好きな動物（想像上の生き物でもよい）を作り、紙でできた簡易ゼッケンに貼りつける。そのゼッケンを

つけ、ブロックでできたトンネルの向こう側にある動物の世界へ行き、テスターも交えてみんなで遊ぶ。

（女子）

・紙コップ、プラスチックカップ、モール、ストロー、丸い画用紙などを使って自分のなりたいもののペープサートを作る。できたペープサートを使って、動物の格好をしたテスターやお友達と自由に遊ぶ。

・紙皿、画用紙、お花紙、折り紙などを使って、お客さんがいっぱい集まるようなお店で売るものを作る。それぞれが作ったものを持ち寄り、お店屋さんごっこをする。

・大小のペットボトル、空き缶、紙コップ、輪ゴム、モール、ストロー、割りばしなどを使ってピアノの先生と音楽会をするための楽器を作る。作った楽器を使ってお友達と一緒に演奏の練習をして遊ぶ。最後にテスターのピアノの伴奏に合わせて「小さな世界」を合奏する。

## 言　語

制作や行動観察の間に、テスターたちから質問される。質問が発展することもある。

・何を作っていますか。

・どうしてそれを作ろうと思ったのですか。

・どのようにして遊んでいますか。

## 運動テスト

男女やグループによって内容に若干の違いがある。

## 模倣体操

テスターと一緒にリズムに合わせて、前屈と後屈を行う。

## 指の屈伸

・指をグーチョキパーの順に素早く動かす。

・1から10まで数えながら、親指から順に1本ずつ折った後、小指から開いていく。

## バランス

片足バランスの後、飛行機バランスを行う。

## リズム・身体表現

音楽に合わせて、ゾウ、クマなどの動物やロボット、お化けなどの動きをする。

## 📖 連続運動

3つのコースが用意され、3人同時に行う。自分の順番が来るまでいすに座って待つ。

・青い紙の上に立つ→コーンまで走っていき、コーンを回って折り返す→L字形の平均台（高さ約30㎝）を曲がり角までカニ歩きで進み、その後は端まで走って飛び降りる→跳び箱（高さ約60㎝）に登りジャンプして走る→ボール3つをできるだけ遠くへ投げる（ボールは拾わなくてよい）→クモ歩きで進む→並べてあるフープをケンパーで進む→ゴールの赤い紙の上で好きなポーズをとる。

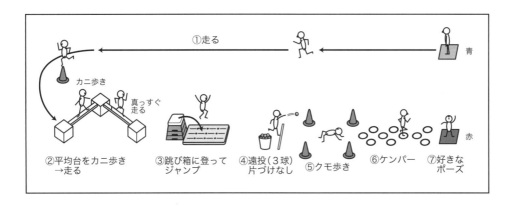

**1**

**2**

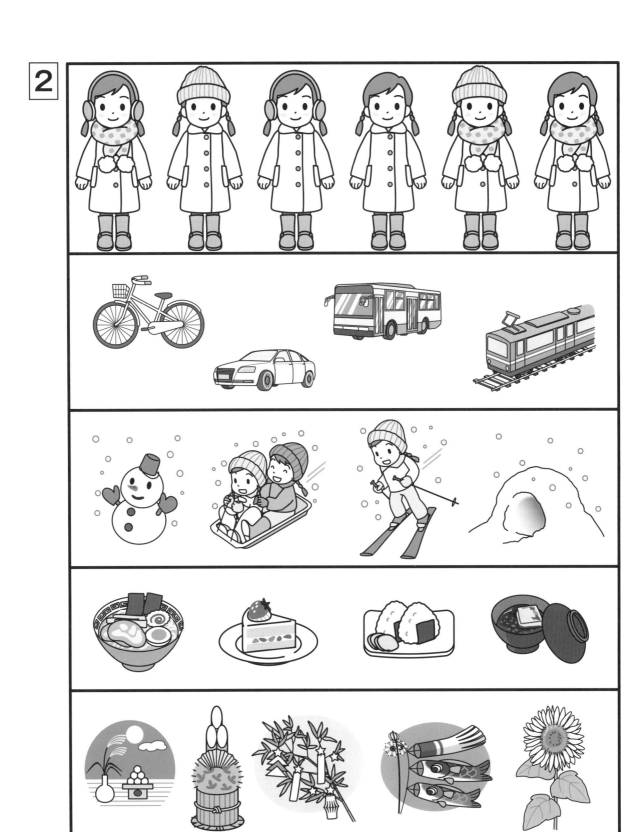

**3**

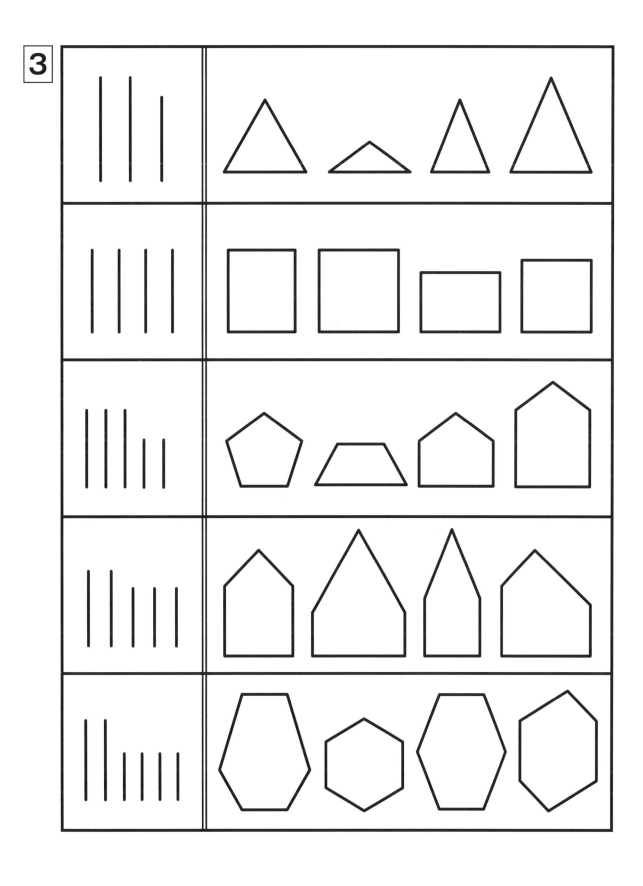

**4**

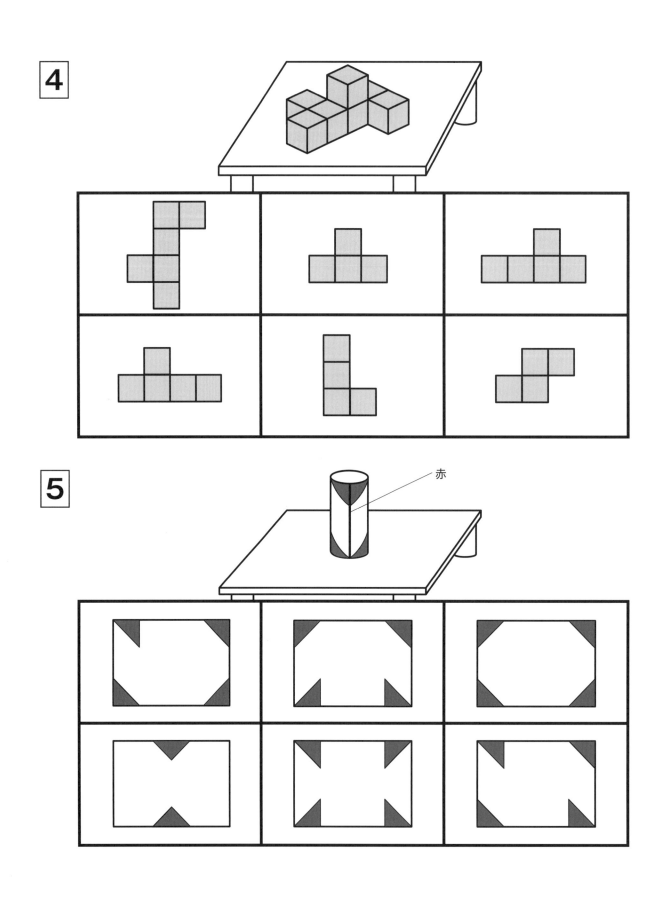

**5**

赤

**6**

**A**

**B**

**8**

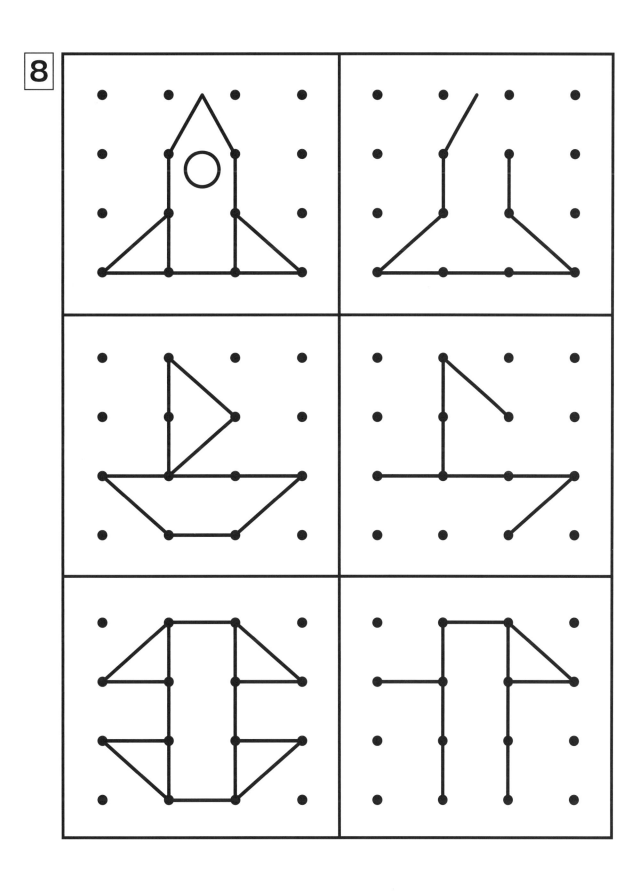

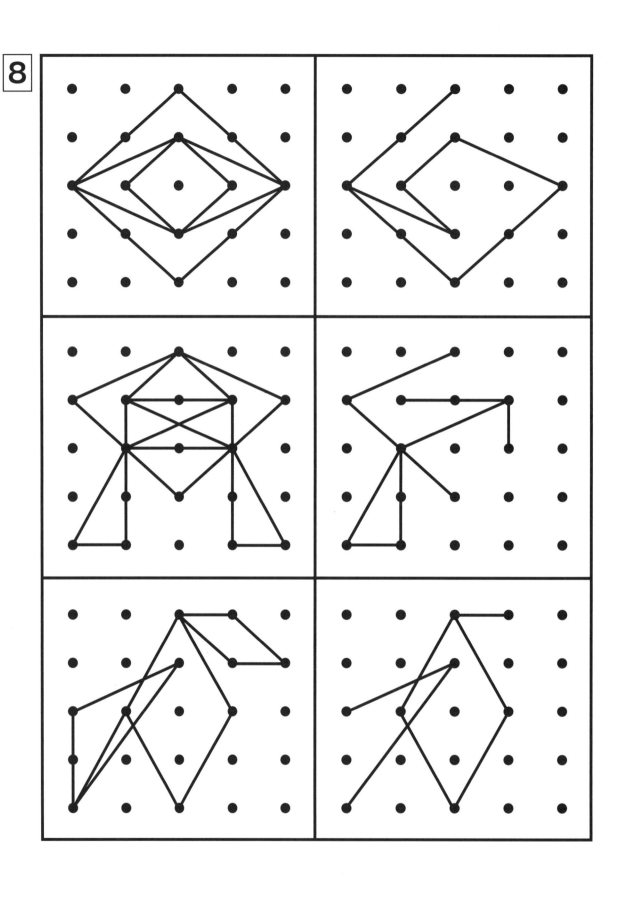

<sup>section</sup>
# 2015 慶應義塾横浜初等部入試問題

## ■ 選抜方法

| 第一次 | 考査は1日で、女子から先に月齢別のグループに分かれ、ペーパーテストを行う。男子280人、女子180人の計460人を選出。所要時間は約50分。 |

| 第二次 | 第一次合格者を対象に4日間のうち1日を指定される。第二次は男子から先に月齢別のグループに分かれ、20〜25人単位で集団テストと運動テストを行う。男子66人、女子42人を選出。所要時間は約1時間30分。 |

### 考査：第一次

## ■ ペーパーテスト

筆記用具はクレヨン6色（青、赤、黄色、緑、黄緑、ピンク）を使用し、訂正方法は×（バツ印）。出題方法は常識のみCD、そのほかは口頭。

※男女やグループによって問題が異なる。

### 1 話の理解

青のクレヨンを使うよう指示がある。
・1段目です。間を空けて△を2つかきます。2つの△の間に○を1つかきましょう。
・2段目です。○を3つ並べてかきます。真ん中の○の中には小さな○を、左の○の中には△をかきましょう。
・3段目です。○を4つ並べてかきます。右の○の中に△を、左の○の中に□をかきましょう。
・4段目です。左端に○を1つかき、その右側に△を3つかきます。真ん中の△の中に○を、右の△の右側に□をかきましょう。

### 2 推理・思考（マジックボックス）

・上の四角に3つのお約束がかいてあります。はさみの箱を通ると形が半分になり、コマの箱を通るとパタンと裏返しになります。風車の箱を通ると羽根のように回って逆さまになります。では、それぞれの形が箱を通ると、どのような形になりますか。右の四角の中からそれぞれ選んで赤のクレヨンで○をつけましょう。

### 3 常 識

（女子）
童謡の一部を聴き、合う絵を見つけて、指示された色のクレヨンで○をつける。

・（「うれしいひなまつり」を聴いた後）今聴いた曲と仲よしの絵に赤で○をつけましょう。

・（「お正月」を聴いた後）今聴いた曲と仲よしの絵に青で○をつけましょう。

4 常 識

（男子）

童謡の一部を聴き、合う絵を見つけて、指示された色のクレヨンで○をつける。

・（「たなばたさま」を聴いた後）今聴いた曲と仲よしの絵に緑で○をつけましょう。

・（「せいくらべ」を聴いた後）今聴いた曲と仲よしの絵に黄色で○をつけましょう。

5 観察力（同図形発見）

・左端のお手本と同じものを右から選び、青のクレヨンで○をつけましょう。全部やってください。

6 位 置

指示された色のクレヨンで○をつける。

・下から3段目の右から2番目に描いてあるものに、ピンクで○をつけましょう。

・上から2段目の左端に描いてあるものに、赤で○をつけましょう。

・一番上の段の左から2番目に描いてあるものに、青で○をつけましょう。

・一番下の段の真ん中に描いてあるものに、黄緑で○をつけましょう。

・下から2段目の右端に描いてあるものに、緑で○をつけましょう。

7 推理・思考（左右弁別）

・1段目と2段目です。左手の絵に赤のクレヨンで○をつけましょう。

・3段目と4段目です。右手の絵に青のクレヨンで○をつけましょう。

8 系列完成

・それぞれの段に、決まりよく絵が並んでいます。空いているところに入るものを、すぐ下の四角の中からそれぞれ選んで、緑のクレヨンで○をつけましょう。

考査：第二次

## 集団テスト | 考査日によって内容は異なる。

玄関で受験票を提示し、当日の内容や注意事項が書かれた印刷物を1枚もらう。控え室となっている教室前でもう一度受験票を提示すると座席の番号を言われるので、その番号の席に保護者と並んで座って待つ。呼び出し時刻になったら指示通り体操服に着替え、運動

靴に履き替える。約10分後、受験票を持って並び、移動のときの注意事項（①受験票をなくさない、②廊下を走らない、③前の人を抜かさない）のお話を聞く。考査会場へ入室する前の最初の教室で番号のついたランニング型のゼッケンをつける。考査会場のいすや床には形と色別のマーク（赤、緑、黄色、紫の○、△、□、☆、♡など）がついており、考査は指定された自分のマークのところで行う。

## 9 制作・行動観察

ポンキーペンシル、スティックのり、セロハンテープ、はさみが各自の机の上に用意されている。材料として、紙皿、紙コップ、画用紙（白）、ストローなどが教室の前後に置いてある。また、制作課題に応じた材料が1人ずつ与えられる。机の左右のフックに手提げ袋があり、一方はゴミ袋として、一方は材料を取りに行くときに使う。

（男子）
・紙コップと画用紙を使って魚を作り、与えられたクリップをつける。魚を、海に見立てた青いビニールシートと岩場に置き、割りばしとタコ糸とヨーヨー釣り用フックで作られた釣りざおで魚釣りゲームをする。釣りざおについているガムテープに触ってはいけない、魚を直接手でつかんではいけないというお約束がある。
・服の形に切られたビニール袋（45L）が与えられ、そのほか好きな材料を使って恐竜の服を作る。作った服を着て恐竜になりきって遊ぶ。
・磁石がついているペットボトルが与えられ、そのほか好きな材料を使って飛ぶものを作る。作ったものを飛ばして遊ぶ。
・側面がB4判ほどのふたと底のない段ボール箱が与えられ、そのほか好きな材料を使って自分の体を入れられる電車を作る。作った電車に体を通し、電車ごっこをする。

（女子）
・（たこ揚げをしていた女の子が風でそのまま空へ舞い上がってしまったお話を聞く）うちわ2枚が与えられ、そのほか好きな材料を使って空を自由に飛ぶことができる、すてきな羽を作る。作った羽を使って自由に遊ぶ。
・大きい紙皿（事前に用意されているものとは違う大きさ）が与えられ、そのほか好きな材料を使って福笑い用のパーツを作った後、自由に遊ぶ。
・割りばしが与えられ、そのほか好きな材料を使って自由にペープサートを作った後、グループを作って劇遊びをする。

## 言　語

制作をしている間に、テスターたちから質問される。質問が発展することもある。
・何を作っていますか。

## 運動テスト | 男女やグループによって内容に若干の違いがある。

### バランス

片足バランスの後、飛行機バランスを行う。

### 模倣体操

テスターと一緒にリズムに合わせて、前屈と後屈を行う。

### ケンケン

右足ケンケンで右に移動し、左足ケンケンで左に移動する（8呼間ずつ）。

### リズム・身体表現

音楽のリズムに合わせて、両手をくるくる回す糸巻き動作をした後、テスターのまねをしたり、テスターが言った言葉に合うポーズをする。

### 10 連続運動

3つのコースが用意され、3人同時に行う。自分の順番が来るまでいすに座って待つ。男女やグループによって内容が異なる。

・青い枠の中に立つ→コーンまで走っていき、コーンを回って折り返す→起伏（高さ約30cm）のあるマットの上を走る→床の上に置かれたフープの中に立ち、フープを足から頭まで通す動作を2回くり返す→床にかかれた足形のマークに立ち、できるだけ遠くまでジャンプする→ボール3つをできるだけ遠くへ思い切り投げる（ボールは拾わなくてよい）→赤い枠まで走り、気をつけの姿勢で待つ。

**1**

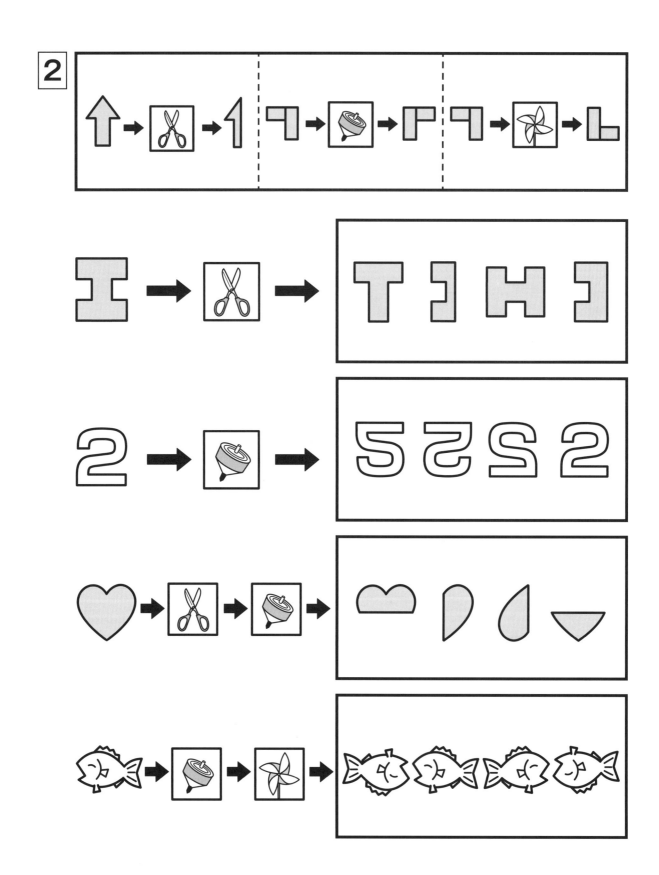

**3**

**4**

**5**

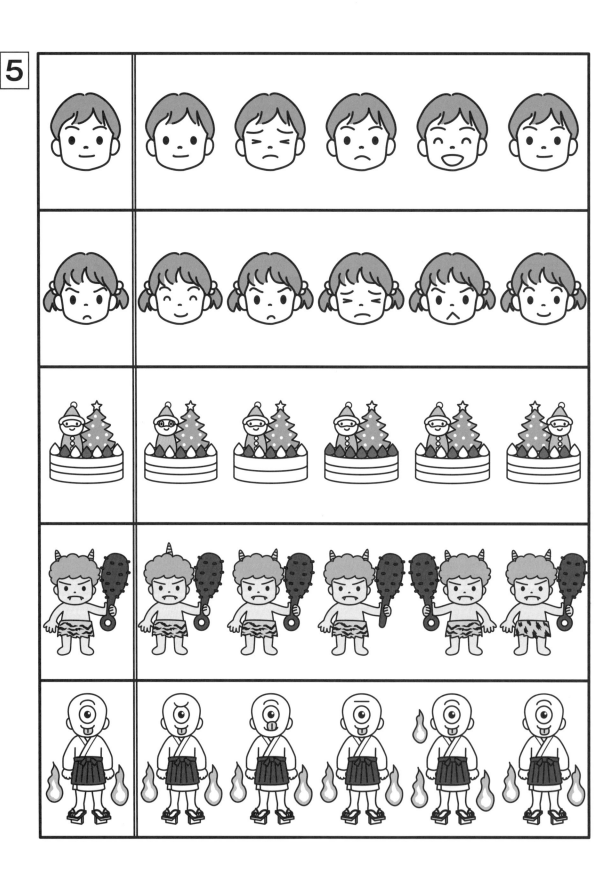

**6**

**7**

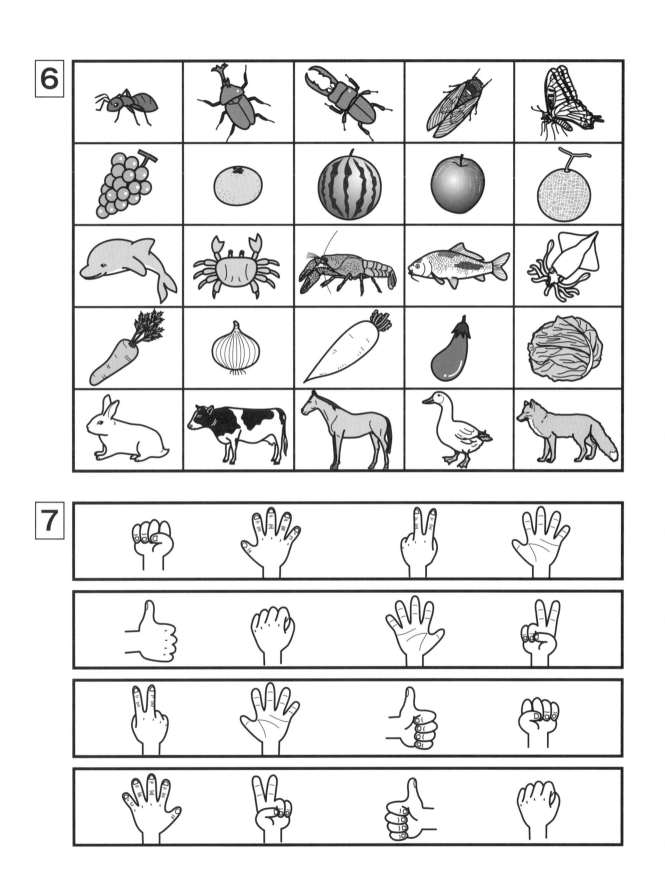

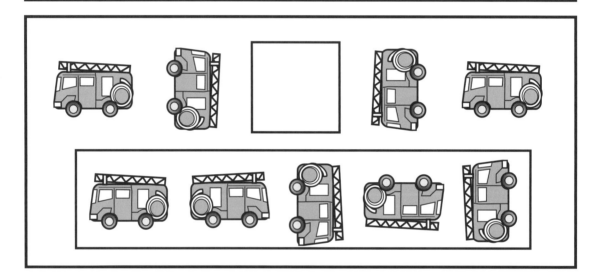

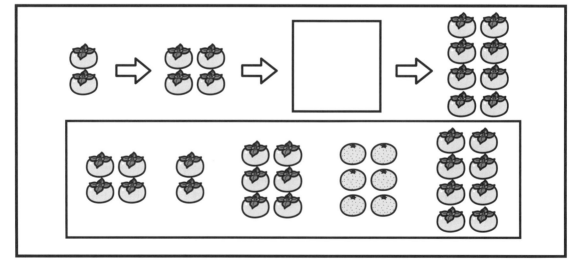

**9**

男子：魚釣り

制作例

《与えられるもの》
クリップ、
釣りざお

ガムテープ

割りばしとタコ糸と
ヨーヨー釣り用フック
で作られた釣りざお

男子：恐竜の服

制作例

《与えられるもの》
服の形に切ら
れたビニール袋

男子：飛ぶもの

制作例

《与えられるもの》
磁石がついてい
るペットボトル

磁石

男子：電車

制作例

《与えられるもの》
ふたと底のない
段ボール箱

女子：羽

制作例

《与えられるもの》
うちわ2枚

女子：福笑い

制作例

《与えられるもの》
大きい紙皿

女子：ペープサート

制作例

《与えられるもの》
割りばし

〈道具〉
　ポンキーペンシル、スティックのり、セロハンテープ、はさみ、
机の左右に手提げ袋（1つは材料入れ、1つはゴミ袋用）

〈その他の材料〉
紙皿、紙コップ、画用紙（白）、
ストローなど

**10**

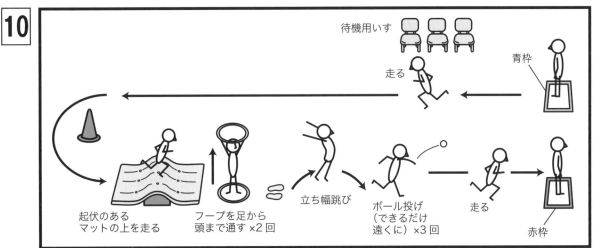

待機用いす

走る

青枠

起伏のある
マットの上を走る

フープを足から
頭まで通す ×2回

立ち幅跳び

ボール投げ
（できるだけ
遠くに）×3回

走る

赤枠

# 2014 慶應義塾横浜初等部入試問題

## ■ 選抜方法

| 第一次 | 考査は1日で、女子から先に月齢別のグループに分かれ、ペーパーテストを行う。男子336人、女子214人の計550人を選出。所要時間は約40分。 |

第二次：第一次合格者を対象に4日間のうち1日を指定される。第二次は男子から先に月齢別のグループに分かれ、20～25人単位で集団テストと運動テストを行う。男子66人、女子42人を選出。所要時間は約1時間30分。

### 考査：第一次

| ペーパーテスト | 筆記用具は赤のクーピーペンとクレヨン（12色）を使用し、訂正方法は×（バツ印）。出題方法は話の記憶と常識のみCD、そのほかは口頭。 |

※男女やグループによって問題が異なる。

### 1 話の理解

- 1段目です。サラダには使われず、種もない食べ物に赤で○をつけましょう。
- 2段目です。髪があって眼鏡はなく、ネクタイをしている人に青で○をつけましょう。
- 3段目です。長靴を履いて手にものを持ち、頭には何もかぶっていない人に緑で○をつけましょう。
- 4段目です。お客さんや荷物を運ぶものではなく、サイレンを鳴らして走り、水で人を助けるものに黒で○をつけましょう。

### 2 数量・推理・思考（四方図）

- 同じ大きさの長四角の積み木を使って形を作りました。左の積み木の数を数えて、その数だけ真ん中の四角に○をかきましょう。また、矢印の方向から積み木を見るとどのように見えますか。正しいものを右側の四角の中から選んで○をつけましょう。

### 3 話の記憶

（男子）

「ある日、たろう君は、お友達のけんた君のお家へ遊びに行きました。たろう君はしま模様のTシャツに半ズボン、けんた君は長袖のTシャツを着て野球帽をかぶり、庭でボール投げをして遊びました。その後テレビを見ていたら、けんた君のお母さんがおやつを出してくれました。たろう君は初めて食べたおいしくて丸いものを前に、けんた君のお母さん

に『これは何ですか？』と聞くと、『おだんごですよ』と教えてくれました。とてもおいしかったので、たろう君はお母さんに今度作ってもらおうと思い、忘れないように『おだんご、おだんご』と言いながら歩いて帰りました。おだんごのことで頭がいっぱいのたろう君は、赤信号に気づかずに横断歩道を渡ろうとしました。そのとき走ってきた車がプップップーと大きな音を鳴らして止まりました。とても危ない思いをしたたろう君は、おだんごのことをすっかり忘れてしまいました。何日か経ったある日のこと、弟とかけっこをして遊んでいたたろう君は、頭をぶつけて大きなこぶを作ってしまいました。それを見たお母さんが『おだんごみたいなこぶができちゃったわ』と言いました。それを聞いておだんごのことを思い出したたろう君は、お母さんに『そうだ！　おだんご食べたい！』と言いました」

・1段目です。たろう君に青で○をつけましょう。

・同じ段です。けんた君に赤で○をつけましょう。

・2段目です。けんた君のお家でおやつを食べる前にしていたことに緑で○をつけましょう。

・同じ段です。たろう君がおだんごのことを忘れてしまったのはどうしてですか。その様子の絵に茶色で○をつけましょう。

・3段目です。たろう君はどうしておだんごのことを思い出すことができたのですか。その絵に水色で○をつけましょう。

## 4 話の記憶

（女子）

「ある日、あゆみさんは帽子をかぶってスカートをはき、手提げバッグを持ってお祭りに出かけました。お祭りの広場には半ズボンをはいて帽子をかぶり、やはりバッグを持ったお友達のみさきさんとみさきさんのお母さんが待っていました。2人は、初めにキンギョすくいをしました。その後にいろいろな屋台やお店を見て回ったら、白くてふわふわしているものを売っているお店がありました。食べたらふわふわしていてとてもおいしかったので、あゆみさんがそのお店のおじさんに『これは何ですか？』と聞くと、『これはわたあめだよ』と教えてくれました。あゆみさんは名前を忘れないように『わたあめ、わたあめ』とくり返し言いながら帰りました。ところが、曲がり角から急に自転車が飛び出してきて、キキーッ！　と急ブレーキをかけました。あゆみさんはその音に驚いて、わたあめのことを忘れてしまいました。ある日、妹とお父さんとあゆみさんは散歩に出かけました。空に真っ白な雲が浮かんでいます。それを見たお父さんは『あの雲、わたあめみたいだなあ』と言いました。それを聞いて、あゆみさんはお祭りの屋台で食べた白くてふわふわしたお菓子の名前を思い出して『お父さん、わたあめ食べたい』と言いました」

・1段目です。あゆみさんはどんな格好でお祭りに行きましたか。青で○をつけましょう。

・同じ段です。お友達のみさきさんに赤で○をつけましょう。

・2段目です。あゆみさんたちはお祭りの広場でまず何をしましたか。その絵に緑で○をつけましょう。

・同じ段です。あゆみさんはどうしてわたあめのことを忘れてしまったのですか。その絵に茶色で○をつけましょう。

・3段目です。あゆみさんはどうしてわたあめのことを思い出すことができたのですか。その絵に水色で○をつけましょう。

## 5 常識（昔話）

（男子）

昔話の一部を聞き、合う絵を見つけて指定の色で○をつける。

・（「かちかち山」の一節を聞いた後）今のお話の絵に青で○をつけましょう。

・（「花咲かじいさん」の一節を聞いた後）今のお話の絵に黒で○をつけましょう。

・（「いなばの白うさぎ」の一節を聞いた後）今のお話の絵に茶色で○をつけましょう。

・（「かぐや姫」の一節を聞いた後）今のお話の絵に赤で○をつけましょう。

・（「金太郎」の一節を聞いた後）今のお話の絵に緑で○をつけましょう。

## 6 常識

（女子）

童話の一部を聞き、合う絵を見つけて指定の色で○をつける。

・（「親指姫」の一節を聞いた後）今のお話の絵に青で○をつけましょう。

・（「みにくいアヒルの子」の一節を聞いた後）今のお話の絵に黒で○をつけましょう。

・（「ヘンゼルとグレーテル」の一節を聞いた後）今のお話の絵に茶色で○をつけましょう。

・（「赤ずきん」の一節を聞いた後）今のお話の絵に赤で○をつけましょう。

・（「ピノキオ」の一節を聞いた後）今のお話の絵に緑で○をつけましょう。

## 7 模 写

・左のお手本を見て、右の絵の足りないところを赤のクーピーペンで描き足してお手本と同じにしましょう。

## 8 推理・思考

・左端の四角には仲よしのもの同士が描いてあります。では、どのように仲よしなのかを考えて、真ん中の四角のものと仲よしになるものを、右側の四角から選んで青で○をつけましょう。

考査：第二次

## 集団テスト | 考査日によって内容は異なる。

玄関で受験票を提示し、当日の内容や注意事項が書かれた印刷物を１枚もらう。控え室となっている教室前でもう一度受験票を提示すると座席の番号を言われるので、その番号の席に保護者と並んで座って待つ。呼び出し時刻になったら指示通り体操服に着替え、運動靴に履き替える。約10分後、受験票を持って並び、廊下から考査会場に向かう。待合室で３つのお約束（①受験票をなくさない、②廊下を走らない、③前の人を抜かさない）のお話がある。考査会場へ入室する前の最初の教室で番号のついたランニング型のゼッケンをつけたり、いすについている色別のマーク（赤、緑、黄色、紫の○、△、□、☆、♡など）を覚えるよう指示がある。考査は指定された自分のマークのところで行う。

### 制　作

クレヨン、スティックのり、セロハンテープ、はさみが各自の机の上に用意されている。材料として紙コップ、白い画用紙（Ｂ４判）、折り紙、ストローなどが教室の前後に置いてある。加えて、１つだけ指定の材料が１人ずつに渡される。机の左右のフックに手提げ袋があり、一方はゴミ袋として、もう一方は材料を取りに行くときに使う。

（男子）
・白い箱と教室の前後に置いてある材料を使い、動くものを作る。
・紙皿と教室の前後に置いてある材料を使い、鳥や怖いお面を作る。

（女子）
・紙製の筒と教室の前後に置いてある材料を使い、動くものを作る。
・別の白い画用紙と教室の前後に置いてある材料を使い、洋服を作る。

### リズム遊び

（男子）
・曲に合わせてテスターから手本として示されたゴリラ、鳥、ヘビなどの動物ダンスをしたり好きな動物になって自由に動く。
・曲に合わせてテスターから手本として示されたティラノサウルス、ステゴサウルス、プテラノドンなどの恐竜ダンスをしたり好きな恐竜になって自由に動く。

（女子）

- 曲に合わせてテスターから手本として示された動物ダンスをしたり好きな動物になって自由に動く。
- 曲に合わせてテスターから手本として示された虫ダンスをしたり好きな虫になって自由に動く。

## 📖 自由遊び

体育館内の一角で行う。遊具はすべてコーナーごとにテーブルの上に置かれている。おはじきコーナー、積み木コーナー、砂場コーナーがあり、集まった子どもたちで自由に遊んだ後、「やめ」の合図で片づける。おはじきはガラス製、積み木は白木、砂（キネティックサンド）は室内遊び用の砂で自由に固めたりほぐしたりできる手につかない質感のもの。近くにおたま、フライ返し、型取りのための型などが複数個置いてある。下には青いビニールシートが敷かれていて、ウエットティッシュ、ゴミ箱が用意されている。

## 運動テスト | 男女やグループによって内容に若干の違いがある。

## 📖 指の屈伸

グーパーをくり返したり、両手の親指から小指へと順番に1本ずつ折った後、小指から開いていく。

## 📖 ひざの屈伸

両足同時の屈伸や片方ずつの屈伸をする。

## 📖 模倣運動

前屈と後屈を4呼間ずつ行う。

## 📖 ケンケン

右方向へ右足で8歩進んだ後、左足に替え左へ8歩進み、元の場所に戻る。

## 📖 片足バランス

片足で立ち、上体を前に倒して飛行機のように両手を左右に広げ、バランスをとる。

## 📖 連続運動

3人同時に行う。
- 青い枠からボールが入った箱まで走る→手探り箱の穴から手を入れ白いボールが出るまでボールを取り出す→白いボールが出たら平均台を渡る→跳び箱の上に立ってマットの

上へ飛び降りる→4つのコーンの間を大きくジグザグに走り抜け、赤い枠に入って気を
つけの姿勢をとる。

**1**

**2**

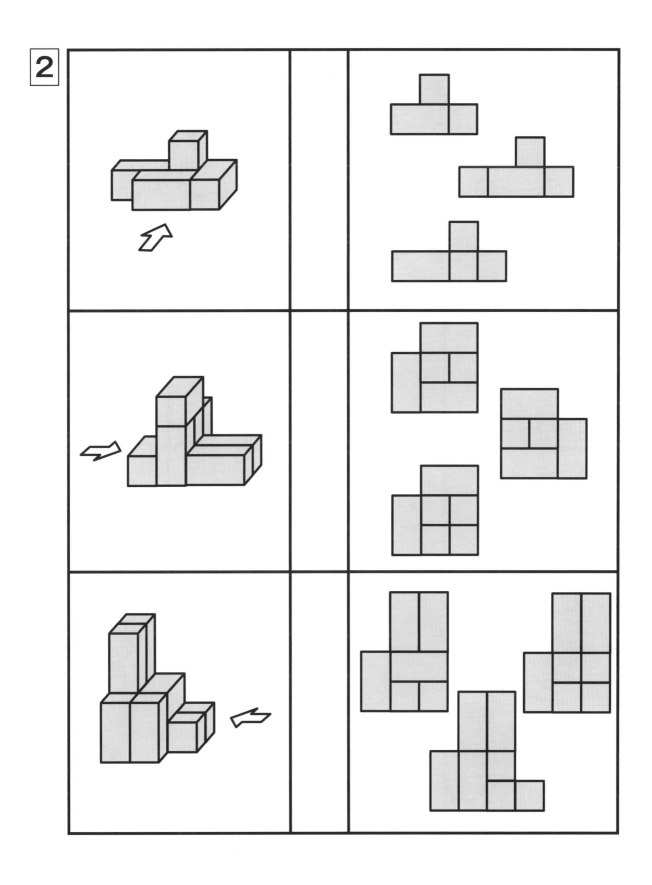

**5**

**6**

8

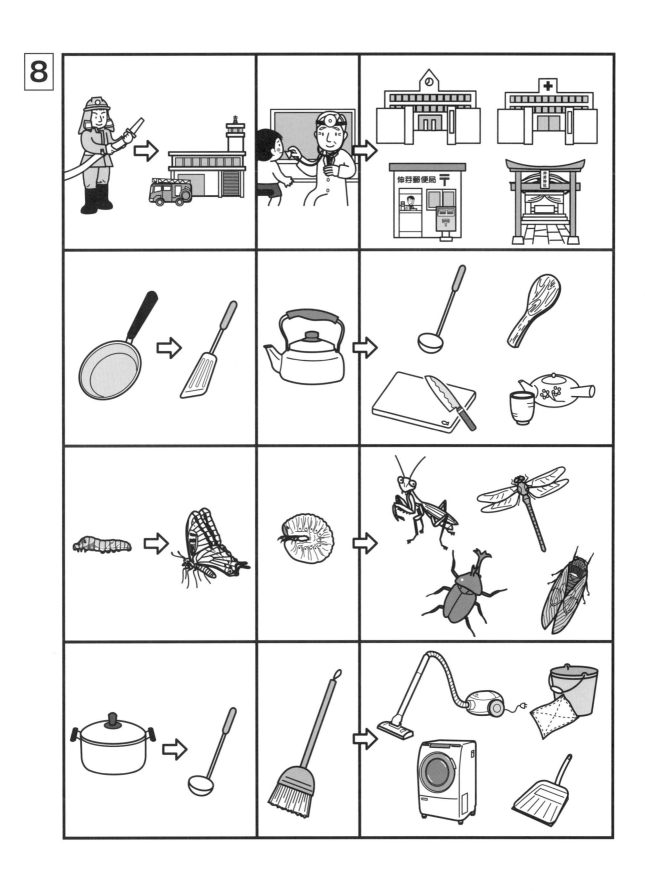

Next challenge

# 慶應義塾横浜初等部
# 入試シミュレーション

# 慶應義塾横浜初等部入試シミュレーション

## 1 推理・思考（マジックボックス）

・上の四角に３つのお約束がかいてあります。ハートの印の箱を通ると形が左半分になります。二重丸の印の箱を通ると右にパタンと裏返しになります。ひし形の印の箱を通ると右に１回コトンと倒れます。では、それぞれの形が下の絵のように箱を通ると、どのようになりますか。右の四角の中からそれぞれ選んで、赤のクレヨンで○をつけましょう。

## 2 系列完成

・それぞれの段に、決まりよく形や絵が並んでいます。空いているところに入るものを、すぐ下の四角の中からそれぞれ選んで、緑のクレヨンで○をつけましょう。

## 3 推理・思考

・上の段です。上のような模様がついた折り紙を、模様を外側にして四つ折りにするとどのようになりますか。それぞれ合うものを下から選んで、点と点を線で結びましょう。

・下の段です。紙でできたサイコロを切って広げたら、それぞれ下のようになりました。これをもう一度サイコロの形に組み立てたとき、２重線のところや太い線のところとくっつく線はどこですか。２重線とくっつく線は赤、太い線とくっつく線は青でなぞりましょう。

## 4 推理・思考・数量

・上を見ましょう。左にパンがあります。このパンをナイフで真っすぐに１回切って黒丸の数と同じ２つに分けるとき、右のパンにかいてある線で切るとどちらも同じ大きさになります。では、下を見てください。それぞれの段でパンをナイフの数だけ真っすぐに切って黒丸と同じ数に分けるとき、分けたパンがどれも同じ大きさになるようにするには、どのように切るとよいですか。それぞれのパンに、切る線をかきましょう。

## 5 推理・思考・常識

・左の野菜を切ったとき、切り口を右の丸や三角の下の絵のようにするには、それぞれどこをどのように切ったらよいですか。左の野菜の絵に、丸の切り口にするときに切る線を赤のクレヨンで、三角の切り口にするときに切る線を青のクレヨンでかきましょう。

## 6 常 識

・真ん中の列に果物の絵、左側にはその果物を縦に切ったときの絵、右側には横に切った

ときの絵が並んでいます。左と真ん中、真ん中と右で、それぞれ同じ果物同士の点と点を線で結びましょう。

## 7 推理・思考（四方図）

・上の段です。左の積み木をいろいろな方向から見たときに、右のように見えるのはどの向きから見たときですか。それぞれ左の四角の矢印の中から正しいものを選んで、右上のように見える向きの矢印に赤のクレヨン、右下のように見える向きの矢印に緑のクレヨンで○をつけましょう。

・下の段です。左の積み木をいろいろな方向から見た形が右にかいてありますが、この中に、お手本をどの方向から見てもそのようには見えない形があります。その形に青のクレヨンで○をつけましょう。

## 8 推理・思考（左右弁別）

・子どもたちがジャンケンをしています。右手で勝っている絵に○をつけましょう。

## 9 数 量

・1段目です。上の絵の中にニワトリは何羽いますか。その数だけ青のクレヨンで○をかきましょう。

・2段目です。上の絵の中にヒヨコは何羽いますか。その数だけ緑のクレヨンで○をかきましょう。

・3段目です。ニワトリとヒヨコの数は何羽違いますか。その数だけ赤のクレヨンで○をかきましょう。

・4段目です。ニワトリ小屋の中にはニワトリが3羽います。外にいるニワトリと合わせると何羽になりますか。その数だけ黒のクレヨンで○をかきましょう。

・5段目です。外にいるニワトリがそれぞれ卵を2個ずつ産むと、卵は全部で何個になりますか。その数だけ茶色のクレヨンで○をかきましょう。

## 10 数量（進み方）

・子どもがジャンケンをして、グーで勝つと1つ、チョキで勝つと2つ、パーで勝つと3つマス目を進みます。何回かジャンケンをしたら左の四角のようになり、それぞれの子どもが向いている方向にマス目を進むと2人が同じマス目で止まりました。2人が止まったマス目に青いクレヨンで○をつけましょう。

## 11 話の記憶

「ある日、ひでよし君は家族みんなでバスに乗ってサーカスを観に行きました。とても暑かったので、飛行機の絵のあるTシャツを着て野球帽をかぶり、お気に入りの青い水筒を

肩からぶら下げて出かけました。ひでよし君はサーカスを観るのが初めてだったので、バスの中で『ねえ、お父さん。サーカスへ行くと何があるの？』と不思議そうな顔で聞きました。するとお父さんは、『空中ブランコといって高いところにあるブランコにぶら下がって大きく揺らして飛び移ったり、ゾウが大きな玉の上に立って上手に歩いたり、クマが自転車に乗ったり、すごいんだぞ！』と教えてくれました。サーカス会場へ着くと前から2列目の席がちょうど4つ空いていたので、家族みんなでピッタリ座れました。空中ブランコやゾウの玉乗りのほかに、ライオンが火のついた輪をくぐったり、クマが一輪車に乗っていたり、それはそれはすごくて、ひでよし君はびっくりして拍手をいっぱいしました。楽しいサーカスはあっという間に終わり、疲れた妹のようこちゃんは帰りのバスの中でお母さんのひざの上でスヤスヤ眠ってしまいました。ひでよし君はお家に着くとさっそく、クレヨンで絵を描きました。お母さんが『何を描いたの？』と聞くと、ひでよし君は『僕が空中ブランコに乗っている絵を描いたんだよ！』と笑顔で答えました。その日の夜、遠くに住んでいるおばあちゃんから電話がありました。ひでよし君が『もうすぐササに願い事を書いた短冊を飾るんだよ。僕は空中ブランコができるようにって願い事を書くんだ！』と言うとおばあちゃんは『とってもすてきね。おばあちゃんもひでよし君が空中ブランコができますようにってお願いするわ』とうれしそうに言いました」

- 1段目です。ひでよし君はどんな乗り物でサーカスへ出かけましたか。青いクレヨンで○をつけましょう。
- 2段目です。ひでよし君の家族に赤いクレヨンで○をつけましょう。
- 3段目です。ひでよし君はどのような格好でサーカスへ出かけましたか。緑のクレヨンで○をつけましょう。
- 4段目です。ひでよし君がお家に帰って描いた絵に黄緑のクレヨンで○をつけましょう。
- 5段目です。このお話の季節はいつですか。その季節と仲よしのものにピンクのクレヨンで○をつけましょう。

12 話の理解

- 左上です。けいこちゃんは4人家族です。お母さんが1人に2個ずつになるようにリンゴを買いに行きます。全部で何個買えばよいですか。その数のリンゴが描いてある四角に、青のクレヨンで○をかきましょう。
- 右上です。お母さんがアップルパイを焼いてくれました。おじいさんとおばあさんもやって来たので、6人で仲よく切って食べることにしました。どのように切ったらよいですか。アップルパイに緑のクレヨンで線をかきましょう。
- 左下です。家族4人でおやつにドーナツを食べることにしました。たつや君は4つのうち、チョコレートの上に小さなチョコスプレーが飾ってあるとてもきれいなドーナツを食べたいと思いましたが、妹のゆいちゃんが食べたいと言ったので譲ってあげました。

ギザギザの形のドーナツにしようか、チョコレートのかかったドーナツにしようか迷っていると、『たつやがその2つで迷っているなら、わたしはほかのにするわ』と言ってお母さんは別のドーナツを食べました。『お父さんはどっちがいい？』とたつや君が聞くと、お父さんはチョコレートのドーナツが好きだと言ったので、たつや君は違うドーナツにしました。たつや君の食べたドーナツに青のクレヨンで○を、お母さんが食べたドーナツに赤のクレヨンで○をつけましょう。

・右下です。幼稚園でお話を聞きます。いすを丸く並べて男の子と女の子が、男の子、女の子、男の子、女の子とかわりばんこに座ります。今、黒丸がついたいすに女の子が座りました。では女の子が座るいす全部に茶色のクレヨンで○をつけましょう。

## 13 常識（昔話）

ある昔話に出てきたものや人、生き物が、それぞれのお話の中でどんなことをしたのかお話ししています。お話を聞いて、言われた色のクレヨンで○をつけましょう。

・「わたしは桃太郎さんからきびだんごをもらい、サルさんとキジさんと一緒に鬼ヶ島へ行ってオニ退治をしました」。今のお話をしたものを上から、お話の絵を下から選び、それぞれ赤いクレヨンで○をつけましょう。

・「わたしは寒い寒い雪の日に、優しいおじいさんに頭に笠を載せてもらいました。とてもうれしかったので、その後おじいさんにたくさんのお礼をしました」。今のお話をしたものを上から、お話の絵を下から選び、それぞれ青いクレヨンで○をつけましょう。

・「わたしはサルに騙されてかわいそうな目にあったカニの子どもたちのために、クリやハチと力を合わせて、サルをこらしめました。重いわたしが上に乗ったので、サルはとても苦しそうにしていました」。今のお話をしたものを上から、お話の絵を下から選び、それぞれ緑のクレヨンで○をつけましょう。

・「わたしは都でお姫様のお供をしているとても小さなお侍と戦いました。おなかの中を針でつつかれ、参ってしまいました。そのお侍は、打ち出の小づちで大きくなって、幸せになりました」。今のお話をしたものを上から、お話の絵を下から選び、それぞれ茶色のクレヨンで○をつけましょう。

## 14 点図形

・左のお手本と同じになるように右にかきましょう。

## 15 模　写

・左のお手本と同じになるように右にかきましょう。

## 制作（輪投げ作り）

画用紙、折り紙、新聞紙、紙皿、紙コップ、ストロー、輪ゴム、割りばし、ティッシュペーパーの空き箱、トイレットペーパーの芯、ペットボトルのキャップ、ビー玉、カラーサインペン、色つきのビニールテープ、スティックのり、セロハンテープ、はさみを用意する。

・ここにある材料を使って、輪投げの投げ輪と的になる棒を作り、できあがったら輪投げをして遊びましょう（新聞紙などを使って投げ輪を作ったり、トイレットペーパーの芯などで棒を作ったりできるが、材料の使い方は限定しない）。

## 制作（回るおもちゃ作り）

画用紙、折り紙、新聞紙、紙皿、紙コップ、ストロー、輪ゴム、割りばし、ティッシュペーパーの空き箱、トイレットペーパーの芯、ペットボトルのキャップ、ビー玉、カラーサインペン、色つきのビニールテープ、スティックのり、セロハンテープ、はさみを用意する。

・ここにある材料を使って、回るおもちゃを作りましょう。できたら、作ったおもちゃが出てくるお話を考えて、そのお話をしながらおもちゃを動かしてください（紙皿を使い片面にビー玉を貼りつけ、反対側の面にキャップなどの持ち手をつけてコマにするなどできるが、作り方を限定せずに自由に発想する）。

## 制作（メダル作り）

画用紙、折り紙、新聞紙、紙皿、紙コップ、ストロー、輪ゴム、割りばし、ティッシュペーパーの空き箱、トイレットペーパーの芯、ペットボトルのキャップ、ビー玉、カラーサインペン、色つきのビニールテープ、スティックのり、セロハンテープ、はさみを用意する。

・ここにある材料を使って、世界に1つしかないメダルを作りましょう。そのメダルのよいところ、すてきなところはどんなところかを考えて、みんなに選んでもらえるように発表してください。

## 制作（的当て）

画用紙、折り紙、新聞紙、紙皿、紙コップ、ストロー、輪ゴム、割りばし、ティッシュペーパーの空き箱、トイレットペーパーの芯、ペットボトルのキャップ、ビー玉、カラーサインペン、色つきのビニールテープ、スティックのり、セロハンテープ、はさみを用意する。

・ここにある材料を使って、的当ての的を作りましょう。できたら、新聞紙で玉を作って的を倒して遊びましょう（倒されにくい的を作る工夫したり、どの的を倒すと最高得点になるかを決めたりする）。

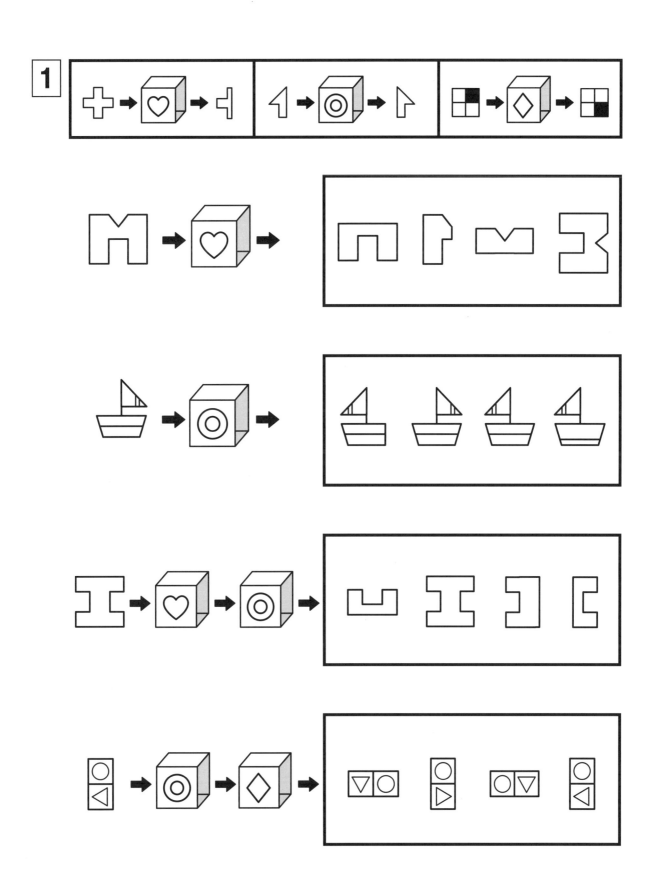

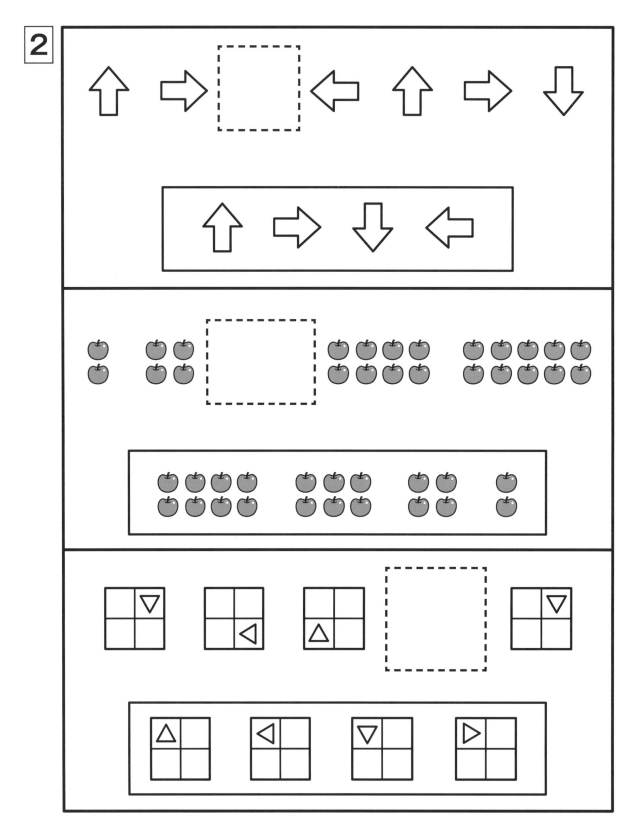

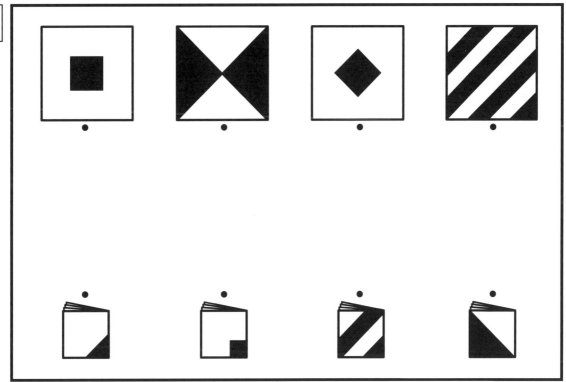

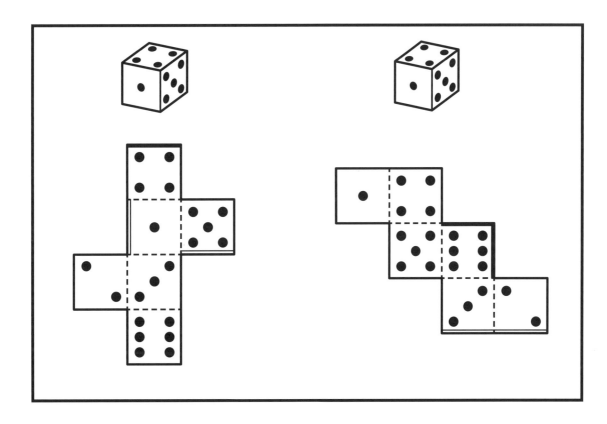

**4**

| 5 | ○ | △ |
|---|---|---|
| | | |
| | | |
| | | |
| | | |

**6**

 •

•  •

•

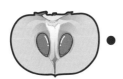 •

•  •

•

 •

•  •

•

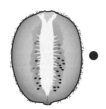 •

• 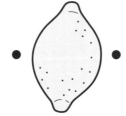 •

•

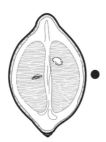 •

•  •

•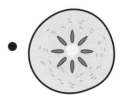

7

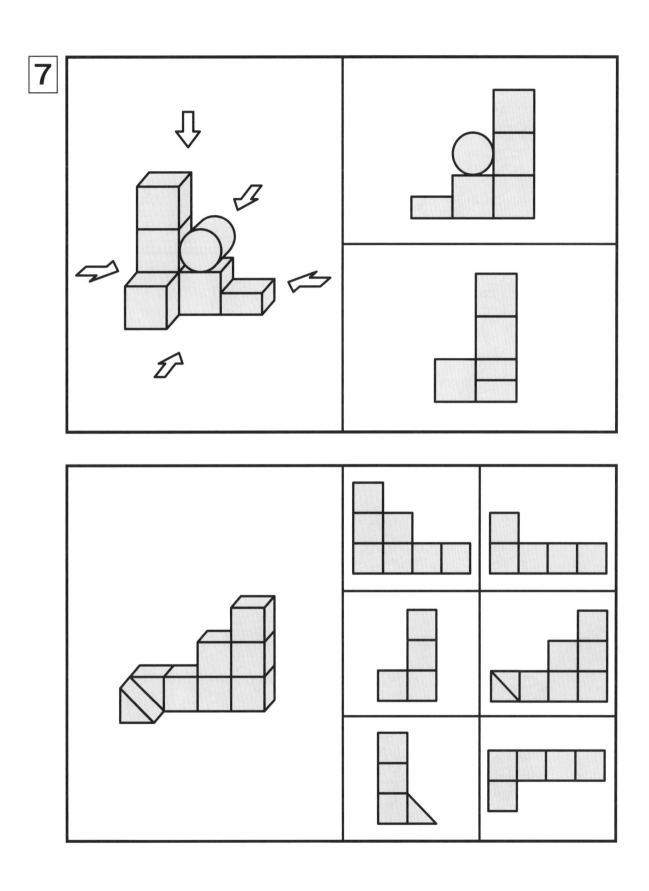

**8**

**10**

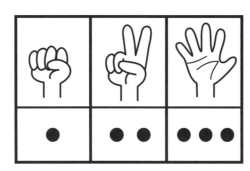

11

**12**

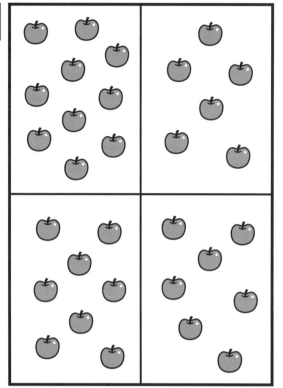

**13**

## 14

**15**

# 2024 学校別過去入試問題集

 年度別入試問題分析【傾向と対策】　 学校別入試シミュレーション問題　解答例集付き

## 伸芽会の有名小学校合格シリーズ

Shinga-kai

カラーページ増殖中！

※2022年秋実施の入試問題を含む

過去 5～15 年間分
全 44 冊 52 校掲載
定価 3410 円～3520 円
（本体 3100 円～3200 円 + 税 10%）

全国の書店・伸芽会出版販売部にお問い合わせください。

 伸芽会　 出版販売部 03-6914-1359 （10:00~18:00 月～金）

〒171-0014 東京都豊島区池袋 2-2-1 7F　https://www.shingakai.co.jp

 2023 年 2 月より順次発売中！

© '06 studio*zucca

［過去問］ 2024

# 慶應義塾横浜初等部
# 入試問題集
# 解答例

＊ **解答例の注意**

この解答例集では、ペーパーテスト、集団テストの中にある□数字がついた問題、入試シミュレーション
の解答例を掲載しています。それ以外の問題の解答はすべて省略していますので、それぞれのご家庭でお
考えください。（一部□数字がついた問題の解答例の省略もあります）

入試シミュレーションの
解答例もあります！

© 2006 studio*zucca

Shinga-kai

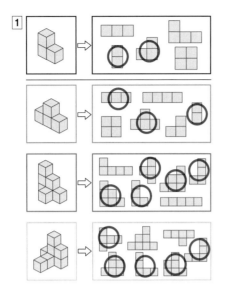

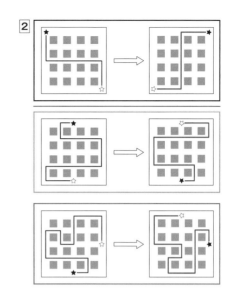

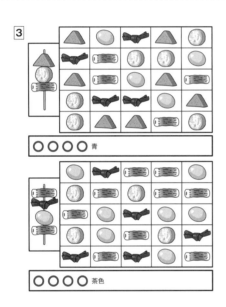

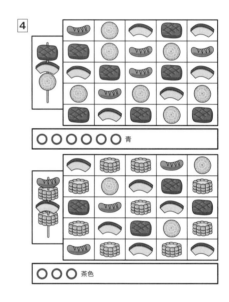

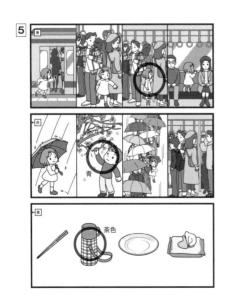

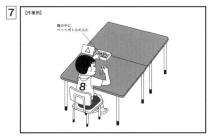

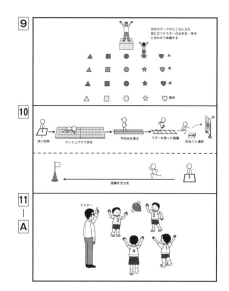

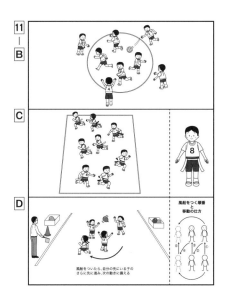

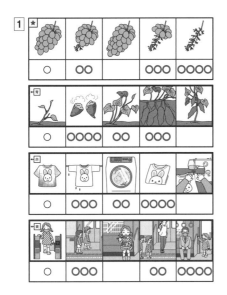

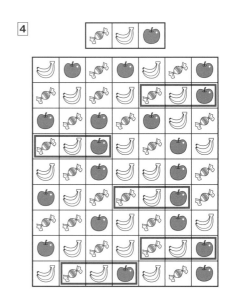

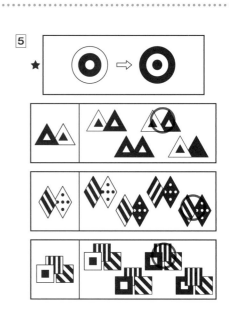

6
A
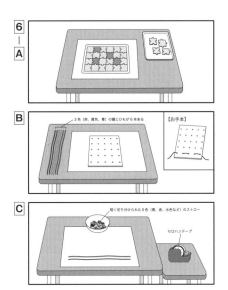

B
3色（赤、黄色、青）の綴じひもが6本ある
【お手本】

C
短く切り分けられた5色（青、赤、水色など）のストロー
セロハンテープ

7
A
B
C
D
E

8
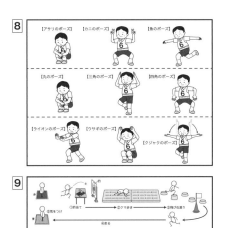
【アサリのポーズ】 【カニのポーズ】 【魚のポーズ】
【九のポーズ】 【三角のポーズ】 【四角のポーズ】
【ライオンのポーズ】 【ウサギのポーズ】 【クジャクのポーズ】

9
①的当て ②クマ歩き ③飛び石渡り
⑤旗をつけ ④走る
※②はグループにより次のような指示があった
横向きのクマ歩き
クモ歩き
手つきウサギ跳び

10
A
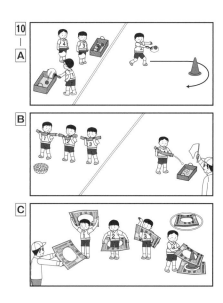

B

C

1
青い四角
赤い四角
黄色い四角
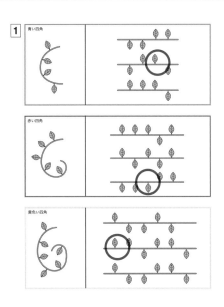

2
茶色
青
青

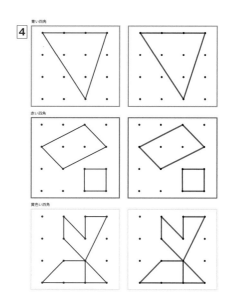

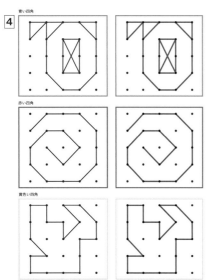

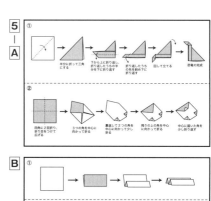

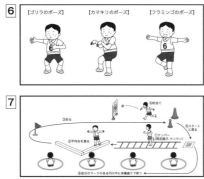

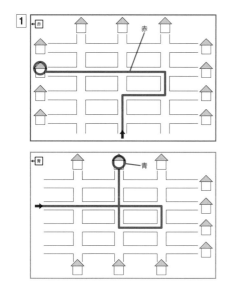

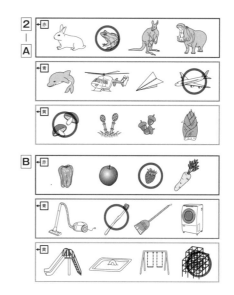

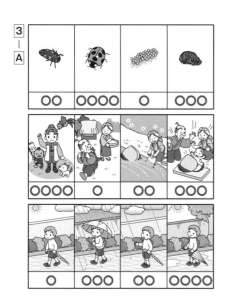

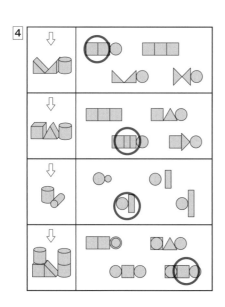

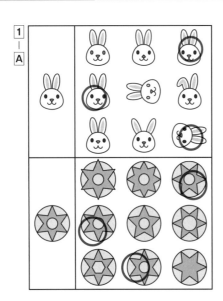

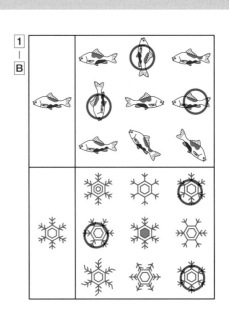

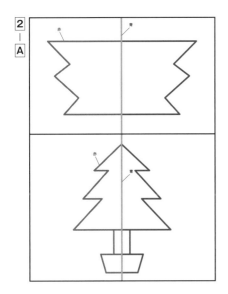

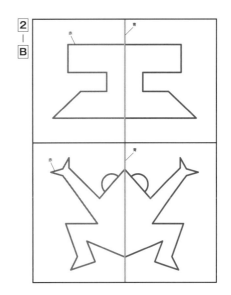

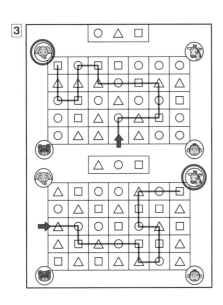

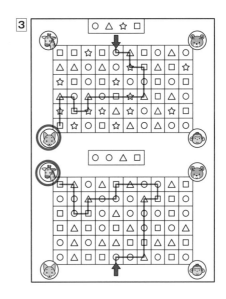

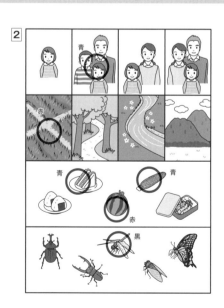

3
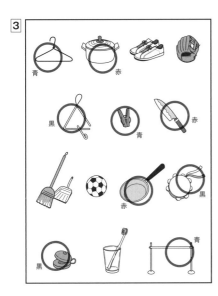

4
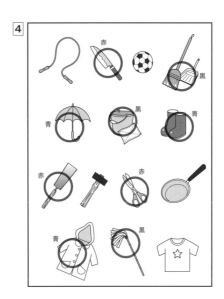

5

6

7

8

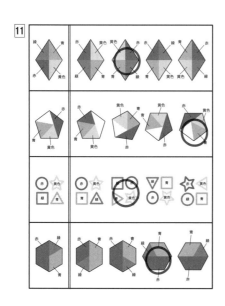

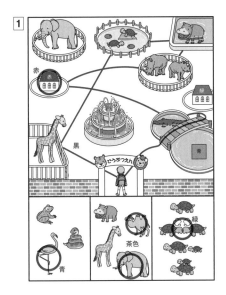

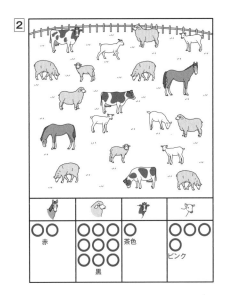

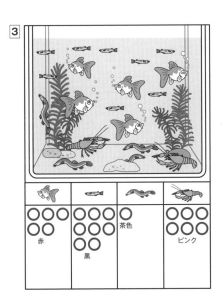

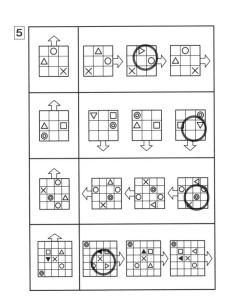

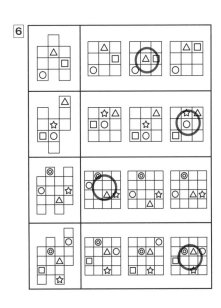

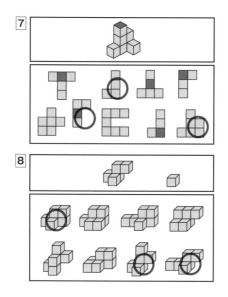

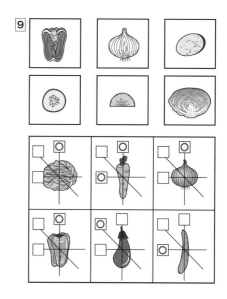

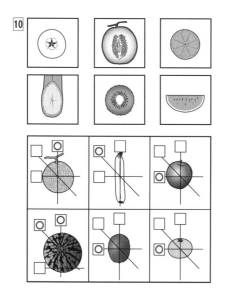

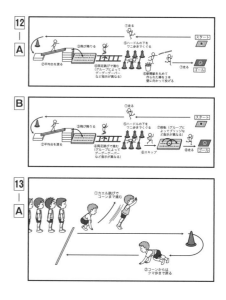

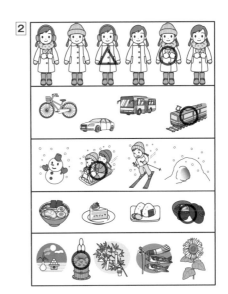

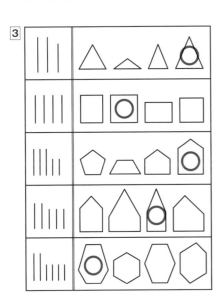

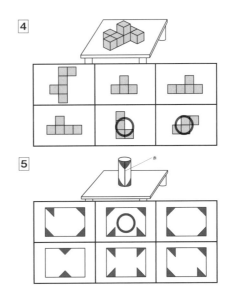

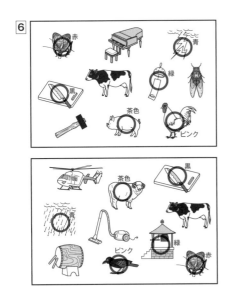

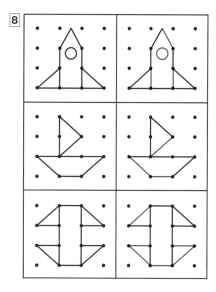

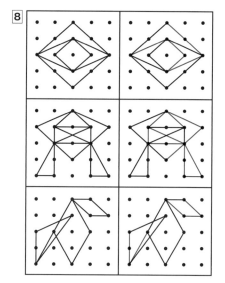

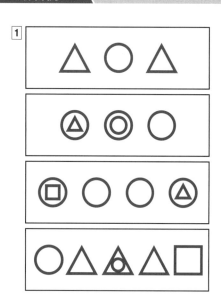

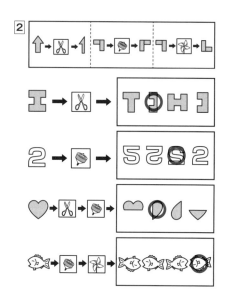

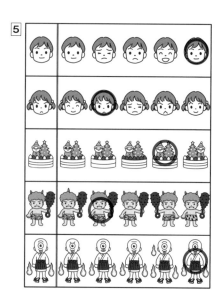

**6**
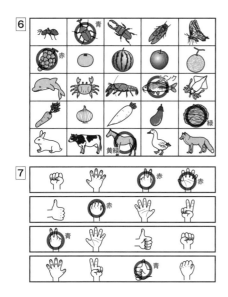

**7**

**8**
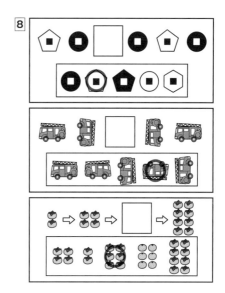

**9**
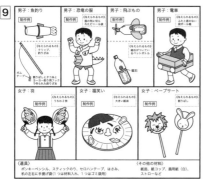

**10**
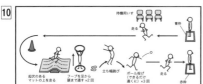

**1**

**2**
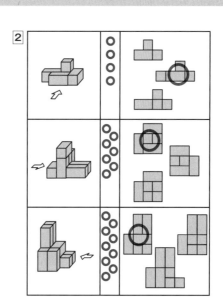

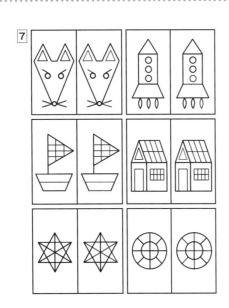

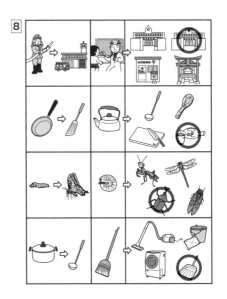

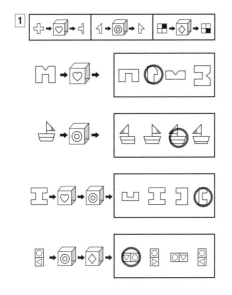

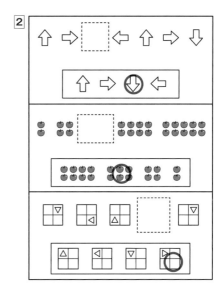

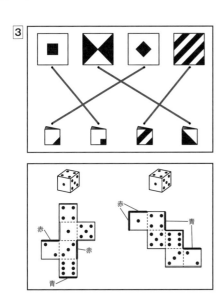

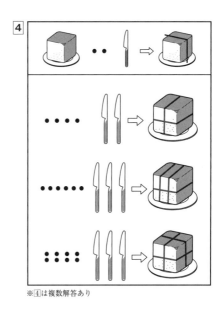

※4は複数解答あり

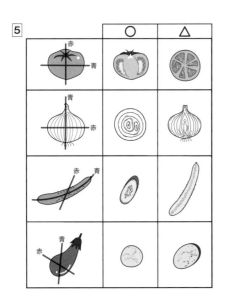

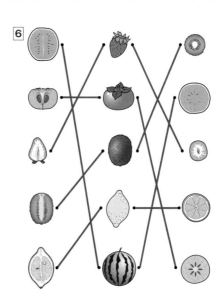

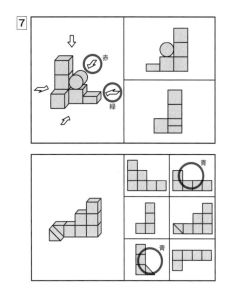

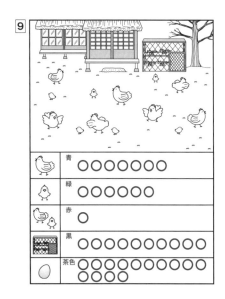

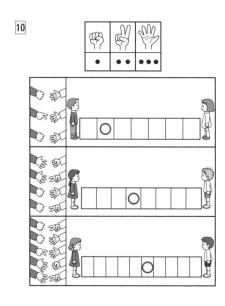

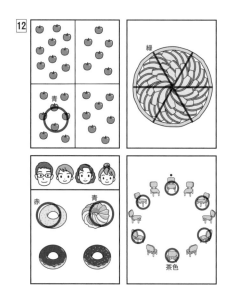

# 入試シミュレーション 解答例

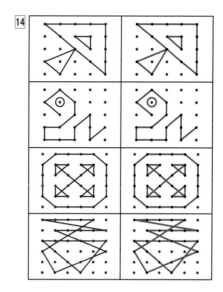

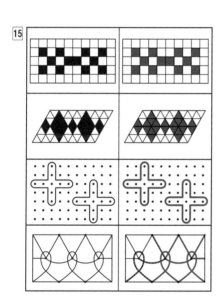

memo

memo

memo

Shinga-kai